5

Dieses Buch ist so heiß ...

... daß Sie mit Verbrennungen rechnen müssen !

... unbedingt Schutzbrille und Grill- oder Küchenhandschuhe bereithalten !

sowie einen **Hektoliter Wasser** als Durstlöscher gegen Mundtrockenheit - bei andauernder Lachattacken oder um den schwarzen Humor zu ertränken ...

Die wahnwitzige, megastarke

Geschenkefibel

**...oder
buchstäblich treffende Ideen
für jeden der schenkt !**

Idee -
Inspirationen -
Illustration

von
Einfallspinsel
S.J.B. Bartl

Verlag
>Stehtnochindensternen<

4

Verleger: Unbekannt zum jetzigen Zeitpunkt

Satz: Art of Formation, Idee - Grafik - Design
Druck und Bindung: Libri Books on Demand

Auflage   Jahr
1   2000

Inhaltsverzeichnis

Seite 008	Vorwort	Seite 008
Seite 012	Anleitung zur Geschenkidee	Seite 012
Seite 016	Ausführungsbeispiele	Seite 016
Seite 021	Der Buchstabe A	Seite 021
Seite 029	Der Buchstabe B	Seite 029
Seite 039	Der Buchstube C	Seite 039
Seite 045	Der Buchstabe D	Seite 045
Seite 051	Der Buchstabe E	Seite 051
Seite 057	Der Buchstabe F	Seite 057
Seite 067	Der Buchstabe G	Seite 067
Seite 077	Der Buchstabe H	Seite 077
Seite 087	Der Buchstabe I	Seite 087
Seite 091	Der Buchstabe J	Seite 091
Seite 095	Der Buchstabe K	Seite 095
Seite 107	Der Buchstabe L	Seite 107
Seite 115	Der Buchstabe M	Seite 115
Seite 125	Der Buchstabe N	Seite 125
Seite 131	Der Buchstabe O	Seite 131
Seite 135	Der Buchstabe P	Seite 135
Seite 145	Der Buchstabe Q	Seite 145
Seite 147	Der Buchstabe R	Seite 147
Seite 155	Der Buchstabe S	Seite 155
Seite 167	Der Buchstabe Sch	Seite 167
Seite 173	Der Buchstabe T	Seite 173
Seite 181	Der Buchstabe U	Seite 181
Seite 185	Der Buchstabe V	Seite 185
Seite 191	Der Buchstabe W	Seite 191
Seite 197	Der Buchstabe X	Seite 197
Seite 198	Der Buchstabe Y	Seite 198
Seite 199	Der Buchstabe Z	Seite 199
Seite 207	Gutschein-	Seite 207
bis 210	Beispiele	bis 210
Seite 214	Nachwort	Seite 214

Vorwort

Die wahnwitzige und megastarke Geschenkefibel, wurde für all diejenigen verfaßt, die niemals, nur unter großen Umständen oder gar nicht mehr wissen, was sie noch schenken sollen ...

Der Inhalt soll auf humorvolle, sarkastische Art und Weise zu verstehen geben, wie man etwas treffsicher schenkt!

Außerdem ist die Geschenkefibel auch für all diejenigen erdacht worden, die es schon aufgegeben haben, sich über ein mögliches oder unmögliches Geschenk den Kopf zu zerbrechen, um mit diesem einmaligen Ideenwerk, ohne große Anstrengungen, mit Sicherheit eine amüsante, charmante sowie die persönlichste Geschenkidee überhaupt, zu finden, mit der garantiert auch Sie einen Volltreffer in Sachen Geschenke landen werden!

...denn die Kopfnuß ist geknackt, die das Schenken kinderleicht macht und für jedermann und jederfrau geeignet ist, ob für Opas und Omas, für Onkel und Tanten, für Muttis und Vatis, für Frauen und Männer, für Verliebte, Verheiratete, Geschiedene, Chefs und Chefinnen, für Mädchen und Buben, für Bekannte und Verwandte und allen, denen man etwas schenken möchte ...

Tagelang hat uns der Kopf geraucht - doch jetzt ist es endlich da ...
das wonach Sie schon lange vergeblich suchten und nie gefunden haben !!!

Beipackzettel

Zu gedanklichen Eigeninterpretationen fragen Sie sich selbst!

Bitte studieren Sie unbedingt die Gebrauchsanleitung und beachten Sie, daß die wahnwitzige, megastarke Geschenkefibel aus Gründen des schwarzen Humors keinerlei Haftung für selbstverschuldete Schäden an jeglichen Individuen übernehmen kann.

Dieses Produkt ist besonders empfehlenswert bei: Niedergeschlagenheit und Frustration, nie das richtige Geschenk zu finden…
Hilft Langeweile zu vertreiben, bei Gedächtnisschwund, Überlegungsfaulheit, Kummersspeck und Falten durch gezieltes Training der Lachmuskeln!

Gegenanzeigen: Kombinationen mit anderen Fibeln sind nicht empfehlenswert.

Nebenwirkungen: Würge- und Brechreiz über die vielen sarkastischen Bemerkungen, Beschlagen der Brille, Gefahr des Todlachens, Ermüdungserscheinungen von zuvielem Schmökern, bei Nachtblindheit unbedingt das Licht einschalten!

Bei den ersten Anzeichen einer Abhängigkeit oder Schmökersucht von Leseratten, Buch bitte sofort schließen und möglichst weit weg legen.
Die Verbindung dieses Buches mit Alkohol ist noch nicht wissenschaftlich erforscht und ist deshalb mit Vorsicht zu genießen!

Bei Lese-Manie bitte sofort die nächstgelegene Buchhandlung anpeilen, um Nachschub zu holen!

... bevor Sie damit starten, auf
dieser Augen-Rennbahn Ihr Unwesen zu treiben,
bedenken Sie, daß dieser Augenschmaus keinerlei Ver-
kehrsregeln unterliegt. Es ist alles erlaubt, wie z. B. Fibel
parken auf offener Strecke, wirr durcheinanderlesen oder
Überfliegen einzelner Seiten, Rückwärtsfahren und Wen-
dungen im Buch-Verkehrsdschungel sowie Geisterfahrten
für Leseratten.

Ein Sicherheitsgurt ist nur Vonnöten, wenn es Sie vor Lachen
vom Stuhl haut ...
Ansonsten ist nur bequeme Sitzhaltung einzunehmen (bei
Kopfstand bitte an Buchstütze denken !)

Bedenken Sie, daß zum richtigen Gebrauch dieser Fibel,
für Analphabeten die Voraussetzung eines Führerscheins
ist, um den Überblick zu behalten sowie in den wahren
Genuss des Augenschmaus zu kommen.
Ausnahmsweise ist die Benutzung eines Nasenfahrrades
erlaubt ...

Gebrauchsanleitung

Schenken macht Freu(n)de ... Sicherlich ist Ihnen dieser Ausspruch wohl bekannt, doch daß sich die einzig wahre Schenkfreude erst aus den Vorbereitungen ergibt, welche für Geschenke getroffen werden, kann dieses im wahrsten Sinne des Wortes treffsichere Vergnügen Ihnen vermitteln.

Der Grundidee des Verschenkens, folgt das etwas leidige Nachdenken, das sich durchaus in zermürbenden Frust ausdrücken kann, denn die Frage, die immer wieder auftaucht lautet: "Was könnte, möchte oder sollte man wem, weshalb und warum, wann und zu welcher Gelegenheit schenken? ...und gefällt letztendlich das ausgesuchte Präsent dem Beschenkten auch?

Oder äußert dieser sich nur aus Höflichkeit mit einem freudigen Dankeschön?
...und denkt insgeheim, jetzt könne er bald einen Krawattenladen aufmachen, denn dieses, soeben von Ihnen so stolz präsentierte Teil, wurde zum 50. Stück in dessen Schlips-Sammlung !

Aber keine Bange, Sie brauchen die Hoffnung nicht aufgeben, denn wir haben durch diese Fibel höchstpersönlich dafür gesorgt, daß diese Zeiten nun endgültig vorbei sind !

...Deshalb ist uns jetzt, liebe bis heute verzweifelten Schenker, diese zündende Idee für ein buchstäblich treffendes, wahnwitziges, megastarkes Geschenk gekommen ...

Wir haben uns gefragt:

"Wieso schenkt man jemand, der z.B. Hans Maier heißt, nicht etwas, das auf seinen Namen, vielmehr auf die einzelnen Buchstaben seines Namens zutrifft?

Um es deutlicher auszudrücken, müßte, könnte oder sollte man sich für jeden vorkommenden Buchstaben im Namen des zu Beschenkenden, einen bestimmten Gegenstand ausdenken, wie z.B. Honigkuchen für H, Ausflug für A, usw. bis alle Buchstaben durch einen Gegenstand ausgedrückt werden können, denn jetzt müssen auch Sie zugeben, dass man buchstäblich persönlicher gar nicht schenken kann!

Sie werden sich sicherlich fragen, wer sich so etwas wahnwitziges ausdenkt?

So ein langwieriger Prozeß nimmt Stunden, wenn nicht Tage in Anspruch, für den nicht jeder die Geduld, Nerven und Zeit aufbringen kann, möchte oder will.

Und außerdem kann das Ganze eine sehr teure Angelegenheit werden, würden Sie sich jetzt vorstellen können, denn je länger der Name des Beschenkten ist, umso mehr Gegenstände müßten ausgesucht werden ...

Lassen Sie den Kopf nicht hängen ...

denn die Arbeit des Ausdenkens der Geschenke, haben wir
für Sie, in dieser extra dafür bestimmten Geschenkefibel,
mit mehr oder weniger Humor übernommen und
gleichzeitig auch ans Finanzielle dabei gedacht ...
Unter den einzeln aufgegliederten Buchstaben, worunter
Sie die Gegenstände finden, ist alles für jeden und jede
Gelegenheit dabei, von A-Z, angefangen von einem
Geschenk für 0.- DM (wie beispielsweise einem Kuss), bis hin
zur Luxusvilla für 1 Million DM oder mehr, nach oben hin
keine Grenzen gesetzt ...

In unserer alphabetischen Buchstabenliste, finden Sie alles
für alle und jeden Geschmack, ob es Eßbares zum
Schnabulieren ist, oder Getränke zu Ihrem Wohl,
Kleidungsstücke und alles was irgendwie vertretbar und
tragbar ist unter Tragbares verzeichnet, wie auch
Individuen, worunter wir alle Kreaturen, auch Spaßvögel
verstehen und nicht zu vergessen, die etwas
ausgefalleneren Präsente, unter X-tras aufgelistet.

Es versteht sich von selbst, dass bestimmte Bezeichnungen
zweideutig gemeint sind und nur von humorvollen
Lebewesen verstanden werden, deren Originalität zur
Verwirklichung, der Phantasien keine Grenzen gesetzt sind
... - wie man so schön sagt, machen gerade manchmal
die kleinen Sachen die größten Freuden.

Um das Ganze noch einfacher zu verstehen, zeigen wir
Ihnen, anhand von Beispielen, die Sie auf den Seiten
>Ausführung< finden, wie Sie selbst ein derartiges Präsent
zusammenstellen können.

Mit diesen, nun von Ihnen zusammengestellten Geschenken, die Sie extra für den Jubilar dank unserer Fibel, kreiert haben, sind Sie der Knüller auf jeder der kommenden Partys - ...bestimmt wird jeder neidvoll auf Ihre Bomben-Geschenkidee blicken und sich fragen, warum er nicht selbst auf so einen Geistesblitz kommen hätte können?

Da wir Sie als äußerst humorvoll einschätzen ...

(...bestimmt hätten Sie sich sonst für ein anderes Buch entschieden)
und damit auch bei Ihnen keine Auge trocken bleibt, wenn Sie sich vor Lachen kaum halten können, gibt es ausschließlich für Sie, liebe Bücherwürmer, am Ende jedes Buchstabens, **ein kleines Präsent, in Form eines wahnwitzigen Spruchs ...**
Dieser soll zu Ihrer Aufheiterung dienen, um Sie weiterhin bis zum Schluß des Buches, bei guter Laune zu halten, und damit erst gar keine Langeweile auskommen kann.

So, nun, da Sie ja keinen langweiligen Schmöker als Einschlafhilfe brauchen, sondern dringend eine
neue, einzigartige, persönliche, witzige und buchstäblich treffende Geschenkidee benötigen, wollen wir uns kurz fassen und Ihre Nerven nicht länger strapazieren.
Deshalb wünschen wir Ihnen jetzt schon viel Spaß, Vorfreude und Spannung beim Aussuchen, Kreieren und natürlich Schenken ...

Ausführungsbeispiele:

Bei der Geschenkauswahl können Sie von den Buchstaben der Vornamen, dem Nachnamen, oder von beiden Namen, des zu Beschenkenden ausgehen.
Unser Beispiel zeigt den Namen >HANS MAIER<

Beispiel:

H = Honigkuchen   M = Metermaß
A = Armbanduhr   A = Apfelkorn
N = Nachtclub-Trip*   I = Illustrierte
S = Slip   E = Erdbeeren
    R = Rucksack

Bei unserem Beispiel steht jeder Buchstabe für ein Geschenk. Wie und aus welchen Gegenständen Sie die Geschenkidee zusammenstellen möchten, bleibt Ihnen und Ihrer Phantasie überlassen und hängt außerdem davon ab, wie viel Mäuse jeder einzelne locker machen möchte ...

Doch Sie können auch die Geschenke nur aus dem Vornamen des Glücklichen auswählen, wie bei nachfolgendem zweiten Beispiel:

T = Tomaten
O = Ohrwurm
N = Nußschokolade
I = Individuelles Horoskop**

Sollte Ihr Geldbeutel sich für luxuriösere, extravagante Geschenke entscheiden oder ist Ihnen einfach der Name des Gratulanten zu lang, gibt es auch hier eine Patentlösung, nämlich die, nur die Initialen des Namens zu verwenden.

Bei unserem Hans-Maier-Beispiel würde dann eben nur das H und das M zur Verwendung kommen.

Möchten Sie sich auf die Anfangsbuchstaben, sprich Initialen festlegen, könnte die Geschenkidee so aussehen:

H = Handy   **M = Malediven-Urlaub***

Wie Sie sehen, ist es ganz einfach und durchaus für jeden nachvollziehbar ...

Hinweisender Tipp: Für all diejenigen, denen das Ganze zu sehr an den Nerven zehrt oder die unsere Idee ganz einfach für hirnrissig und doof halben, ist diese Geschenkefibel nicht ganz umsonst geschrieben worden, denn jene Individuen finden sicherlich noch den einen oder anderen Anhaltspunkt, der sie auf ein originelles Präsent hinweist, auf das auch gerade sie nicht gekommen wären (...auch wenn sie es hinterher nieeeee zugeben würden)

Sicherlich haben Sie sich schon gefragt, warum sich bei unserem Beispiel hinter dem Wort Nachtclub-Trip* ein Sternchen* befindet?

Diese *Sterne finden Sie auch mehr oder weniger in den Buchstabenlisten, hinter Gegenständen wieder.

Diese * bedeuten einfach, daß Sie für jedes dieser Vorschlagsgeschenke einen Gutschein selbst zu Papier bringen können oder einen extra in diesem Buch vorbereiteten Beispiels-Gutschein dafür benutzen, von dem Sie im Anhang einige davon finden, der auch zur privaten Nutzung vervielfältigt werden kann.

Natürlich befinden sich unter den Geschenkvorschlägen auch Wörter wie >Individuelles Horoskop< und dergleichen, die alle mit zwei ** gekennzeichnet sind.
...Und damit jedes Individuum in den Genuss einer solchen Analyse kommen kann, finden Sie diese zwei ** immer unter den Selbstlauten A E I O U, die ja bekanntlich in fast allen Namen zu finden sind.

Diesen **-Artikel erhalten Sie auf Wunschbestellung bei:
Art of Formation, für den sagenhaft günstigen Preis von nur 19,99 DM incl. allem. Den Anforderungscoupon finden Sie auf der Seite 211 in dieser Geschenkefibel. Bitte bedenken Sie, daß es wegen zu großer Nachfrage zu Wartezeiten kommen kann, obwohl Unmögliches sofort erledigt wird, doch Wunder dauern etwas länger ...

So, da Sie nun gut gerüstet mit guten Ratschlägen sind und auch sicherlich schon das eine oder andere Geschenk aus unseren Listen herausgepickt haben und fiebernd Ihrer nächsten Schenkmöglichkeit entgegensehen, bleibt nur noch die Verpackung, die Sie übrigens auch gleich als Geschenk mit einbeziehen können, falls der Name den Buchstaben K wie Korb oder Sch wie Schachtel enthält. Bei einem Buchstaben wie A bliebe noch Alufolie oder F wie Frischhaltefolie und fertig wäre das perfekte, absolut persönlichste Geschenk ...

Eines sollten Sie dabei nicht vergessen ...

Schreiben Sie auf ein Stück Papier oder auf eine Glückwunschkarte den Namen des Beschenkten in Großbuchstaben untereinander und daneben die Erklärungen, welcher Buchstabe für welches Präsent steht sowie bei Bedarf noch einen Vierzeiler für das bevorstehende Ereignis dazu, fertig ...

Übrigens ein Geburtstagskarten-Beispiel, finden Sie auf der Seite 205.

Bevorzugen Sie einen Glückwunsch in Gedichtform, könnten Sie sich für unseren unverbindlichen Vorschlag entscheiden, der folgenden Wortlaut hat:

Zum Geburtstag (o.ä.) arrangiert -
buchstäblich für Dich kreiert ...
So ein Geschenk aus vielen Stücken -
kann doch bestimmt auch Dich
entzücken?

...Na, dann nichts wie ran ans Vergnügen,
denn ab sofort wissen sie Hundertprozentig Bescheid, was das buchstäblich persönlichste Geschenk ist, welches Sie schon immer suchten und nie gefunden haben ...

Na...? Ist Ihnen jetzt ein **Licht** aufgegangen?

... dann kann es ja losgehen mit dem **Horror-Szenarium !**

A wie Anfang ...

Apfel
Apfelmus
Apfelgummibärchen
Apfelstrudel
Apfelkuchen
Ananas
Ananaskonfitüre
Aprikose
Aprikosenmarmelade
Avocado
Artischocke
Aubergine
Anis
Abendbrot * (evtl. Gutschein für ...)
Akazienhonig
Ahornsirup
Abführmittel
Austern
Austernpilz
Appetitzügler
Appetitmacher
Aufputschmittel
Aal
Appenzeller
Aspikhering

Almdudler
Aufspül-Wasser
Apfelsaft
Apfelkorn
Apfelwein
Absoluten Mega-Cocktail
Anislikör
Abendtrunk * (auch als Gutschein für ...)
Aperitif
Alkohol (hoch%ig aus der Apotheke)
Aprikosenlikör
Aprikosensaft
Ananassaft
Ale (englisches Bier)
Alsterwasser
Alkoholfreies Bier
Amaretto
Apfelsinensaft
Armagnac
Arrak
Asti-spumante
Aufgußbeutel (Tee)
Autofahrer-Drink

A

Alligator (evtl. Attrappe., wenn kein echter vorhanden)

Ameise

Ameisenbär

Affe (auch lebendig ...)

Albatros

Ara

Anakonda (bitte gut verknoten ...)

Amsel

Afghane

Antilope

Animierdame * (Gutschein für ...)

Akazie

Aktmodell * (Gutschein für ...)

Amaryllis

Anstandswauwau (bei Minderjährigen ...)

Akelei

Ahornbaum

Aurikel

Arnika

Arbeitstier * (sich selbst oder ...)

Alphornbläser

Autoschlange * (nur in der Urlaubsreisewelle)

Individuen ...

Tragbares ...

Aktentasche
Aktenkoffer
Arbeitsoverall
Arbeitshose
Arbeitshemd
Arbeitshandschuhe
Arztkoffer
Armreif
Armbanduhr
Alcantaramantel
Afrolook * (Gutschein für ...)
Allwetterkleidung
Amulett
Achat
Amethyst
Alabaster
Astschere
Axt
After Shave
Aufnäher
Atlas
Anzug
Apres-Skikleidung
Abendkleid
Abendzeitung
Aktenordner

A

Autozeitung
Astronautenanzug
Akkordeon
Antitranspirant
Ass (vom Kartenspiel)
Adressbuch
Aushängeschild
Atemgerät
Atombusen (Foto oder Gutschein für ...)
Augenbrauenstift
Armatur
Autofocus-Camera
Audio-Cassette
Angelrute
Angelhaken
Augenzahn
Allzwecktuch
Adventskranz
Abfall
Avocado-Creme
Arnika-Salbe
Angstschweiß (in Flaschen))
Alphorn
Anschlußkabel
Arznei
Augentropfen
Autozubehör
Augenschmaus - die wahnwitzige megastarke
Geschenkefibel

Tragbares ...

A

Tragbares ...

A

Abschleppseil
Anstecknadel
Altpapier (als Geschenkverpackung)
Ausfahrgarnitur
Ablage
Abbildung
Air-Brush-Pistole
Abortdeckel
Aufziehpuppe
Anspitzer
Aluminium
Acht Mark
Antenne
Autoantenne
Asbesthandschuhe
Allzweckcreme
Allzweckreiniger
Anrufbeantworter
Autotelefon
Aceton
Accessoire
Air-Brush-Buch
Anti-Baby-Pille
Acryllack
Aschenbecher
Alarmanlage
Achselhaare (zum Zopf geflochten)
Arsen

Aquarium
Aquarell
Aktie
Ameisengift
Ausflipp-Trip* (Gutschein für ...)
Abenteuer * (Gutschein für ein ...)
Ackerland
Alpentour * (Gutschein für eine ...)
Alptraum * (verpackt in Tüten ...)
Aphrodisiakum
Astrologische Beratung * (Gutschein für ...)
Anzeigenwerbung
Atombombe
Akkupunkturbehandlung * (Gutschein für ...)
Angenehme Stunden * (Gutschein für ...)
Arabienreise * (Ticket oder Gutschein für ...)
Australientrip * (dto.)
Afrikasafari * (dto.)
Andalusienrundreise * (dto.)
Aircondition
Amerikatrip * (Fast-Food-Gutschein)
Armutszeugnis (durchlöchertes Blatt Papier ...)
Ammenmärchen
Astreine Anmache (gültig nur in Natura ...)
Arbeit (...das Geschenk auszupacken)

X-tras ...

A

Augenschmaus (...ein Exemplar der Geschenkefibel)
Augenstern * (Lied ...Du bist mein ...)
Ausschlaf-Gutschein *
Astrologische Analyse ** (sofort bestellen!)
Abendspaziergang * (Gutschein für ...)
Aktzeichnung
Auspuff
Achterbahnfahrt * (Gutschein für eine ...)
Ausflug * (Gutschein für einen ...)
Autogenes Training * (Gutschein für ...)
Airbag
Allheilmittel
Abonnement
Acht Küsse * (sofort einzulösen ...)
Auto-Reifen
Auto (alle Marken, oder als Modell)
Antrag * (evtl. Heiratsantrag ...)
Anfängerauto (alte Klapperkiste...)
Anschiß *
Aprilscherz *
Augenzwinkern * (persönlich vorzutragen ...)
Ausblick auf ... * (Gutschein für einen ...)

A Acht Alligatoren angeln am Äquator Alphornbläser ...

B wie Buchstabe ...

Butter
Butterschmalz
Butterkuchen
Butterkekse
Baiser
Brombeeren
Blaubeeren
Bratwurst
Bratkartoffeln
Brathähnchen
Brathering
Backpulver
Blumenkohl
Brokkoli
Basmati-Reis
Brühwürfel
Blutwurst
Bircher Müesli
Biskuit
Bismarckhering
Bittermandeln
Blockschokolade
Brotzeit
Bohnen
Boskopapfel
Bretzel

B

Zum Schnabulieren ...

Blaukraut
Buchstabensuppennudeln
Bienenhonig
Backsteinkäse
Brie-Käse
Baldrian
Bambussprossen
Bandnudeln
Barbecue-Sauce
Bärendreck (Lakritze)
Basilikum
Bauernfrühstück
Béchamelsoße
Bouillon
Butterbrot
Brunnenkresse
Baby-Brei
Büchsenfleisch
Birnen
Backerbsen
Brot
Brötchen
Baguette
Bonbon
Banane
Betthupferl (etwas zum Naschen)
Brustkaramellen
Bronchialbonbon
Buletten (Berliner Fleischküchle)

B

Baldriantee
Beaujolais-Wein
Baby-Milch
Birnensaft
Bier
Bier (alkoholfrei)
Baccardi
Bordeaux-Wein
Bowle
Brandy
Brauselimonade
Burgunderwein
Bitzelwasser
Blümchenkaffee (bitte nur 1 Bohne auf 10 Tassen)
Bockbier
Bocksbeutel
Bohnenkaffee
Blutorangensaft
Bananensaft
Büchsenmilch
Beruhigungsschnaps
Bauernschnaps (Selbstgebrauter der voll reinhaut)
Berliner Weiße

Zum Wohle ...

B

Individuen ...

B

Boa (als Schleife ums Geschenk gebunden)

Borstenvieh (uriger, unrasierter Mann)

Buschwindröschen

Brillenschlange (Schlagfertige Frau mit Brille)

Brontosaurus (Zeichnung, Plüschtier o.ä.)

Brüllaffe (eingebildeter Schreihals)

Bubikopf

Bücherwurm (jemand der viel liest)

Bulldogge

Bunny (... kein Kommentar)

Babysitter* (Gutschein für ...)

Bachstelze

Bazillus-Sympathikus (höchst ansteckend!)

Ballermann (männliches Prunkstück)

Beelzebub (Teufelskerl)

Baby

Beagle

Bernhardiner

Biene (heißßßße ...)

Bär

Blondine

Begonie

Bestie (wilde Kreatur, auch menschlich)

Bisamratte

Biber

Birmakatze

Blindgänger (... der in Dunkeln tappt)

Blindschleiche

Blutegel

Beutelratte

Baum

Barsch

Bonsai-Baum

Begonien

Bodyguard
(jemand der einem ständig auf Tuchfühlung geht)

Bohnenstange (extrem schlanke, große Frau)

Beichtvater
(jemand dem man sein Herz ausschütten kann)

Blödwaafer
(jemand der nur dummes Zeug palavert)

Bayerisches Urviech
(gestandenes Mannsbild mit echt bayerischem Dialekt)

Brummbär (gutmütiger, dicklicher Mann)

Blumenstrauß

Backfisch (junges Mädchen)

Butler* (Gutschein für ...)

Büchsenmacher (Vater, der nur Töchter hat)

Barkeeper für diesen Tag* (Gutschein für ...)

Braungebrannten Traummann

Braungebräunte Traumfrau

Bodybuilder (Muskeln sind das einzige was er hat ...)

Bürohengst (männlicher Büroangestellter)

Betuchter Bankier

Individuen ...

B

Tragbares ...

B

Bogen
Brosche
Brautkleid
Brautschleier
Becher
Bonanza-Video
Busfahrkarte
Bahnfahrkarte
Brillantring
Buchstabensalat
(verschiedene Buchstaben wirr auf ein Blatt geschrieben)
Backblech
Backgammon-Spiel
Badesalz
Badeschaum
Badeseife
Ballon
Bandage
Barhocker
Barthaare (trauernd um ihre Ortsveränderung, auf ein
Blatt Papier geklebt)
Batterie
Bauchbinde
Bauklötze
Baby-Jäckchen
Baby-Strampler
Baby-Ausstattung
Baby-Puder
Baby-Hygieneartikel

Bartbinde

Babybild (von demjenigen, den man beschenkt)

Brettspiel

Billardqueue

Blechbüchse

Bürostuhl

Bürolampe

Busencreme

Bettdecke

Bettzeug

Bombe (auch Spielzeug ...)

Beißring

Büste

Büstenhalter

Bikini

Badeanzug

Badehose

Bademantel

Brille

Brillenetui

Bandschleifer

Bremsbeläge für Fußgänger (Gummiabsätze)

Barometer

Buch (z.B. dieses, wenn man jemand ärgern will)

Badezimmer-Uhr

Badezimmer-Radio

Badminton-Schläger

Blöden Spruch (auf ein Stück Papier geschrieben)

Blasebalg

Tragbares ...

B

Tragbares ...

Bratpfanne
Bastmütze
Beinkleid
Bargeld
Bergkristall
Blumenvase
Blumenerde
(in Streichholzschachtel als Minitreibhaus)
Blumentopf
Boomerang
Basketball (mit oder ohne Korb)
Balalaika
Blockflöte
Bereitschaftshose
(Reißverschluß öffnet automatisch)
Blazer
Beil
Beipackzettel
(Glückwunsch auf Zettel, fein säuberlich verpackt)
Boxel (bayerische Lederhose)
Bembel
Bierkrug
Bierdeckel
Berberteppich
Bermudas
Bernsteinring
Besteck
Badeente
Biomüll (Fast Food in Papiertüte)

B

Blitzwürfel
Blue-Jeans
Boccia-Spiel
Bohrmaschine
Bolero-CD (... die Musik von Ravel)
Boxhandschuhe
Bremsflüssigkeit
Brett (bitte nicht das vorm Kopf)
Briefmarke
Briefumschlag
Butterbrotpapier
Brillant
Brustbild
(bitte ohne Bekleidung, dass das Bild auch scharf wird)
Büchsenöffner
Buddelschiff
Buggy
Bügeleisen
Buntstift
Bronzefigur
Brustbinde
Bürste
Beincreme
Blödsinn (irgend etwas unbrauchbares ...)
Bettjäckchen

Tragbares ...

B

Billard-Spiel* (Gutschein für ...)

Backofen

Barscheck

Beautyfarm* (Gutschein für ...)

Bürstenhaarschnitt* (Gutschein für ...)

Bungalow

Boutiquenbummel* (Gutschein für ...)

Bottleparty* (Gutschein für ...)

Breitwandfernseher

Beischlaf* (Gutschein für ...mal)

Balletunterricht* (Gutschein für ...)

Benzingutschein

Busserl (sofort zu erledigen)

Bali-Reise* (Gutschein oder Ticket)

Bahamas-Urlaub* (dto.)

Bretagne-Fahrt* (dto.)

Belgien-Trip* (dto.)

Bayerntour* (von einem Wirtshaus zum anderen...)

Bergwanderung* (Gutschein für ...)

Backenstreich
(1x sofort über eine der 4 Backen streicheln)

Beinbruch (Hals und ... wünschen)

Bombenstimmung (dafür sorgen, dass es eine wird)

Bruchbudenbesuch (die eigene Wohnung zeigen)

B Bienen beißen Bären bis beide bayerisch brummen ...

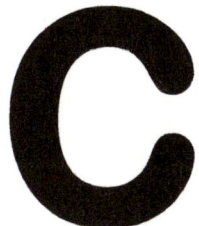

C wie Champignon

Clementinen
Cumberland-Sauce
Chateaubriand
Cheeseburger
Chicorée
Chinakohl
Chips
Croissant
Cordon bleu
Corned beef
Cornflakes
Cräcker
Crêpes
Curry
Curryhuhn
Chiligewürz
Chilibohnen
Cayennepfeffer
Cabanossi-Wurst
Camembert
Cannelloni
Calzone-Pizza
Cashewnüsse
Cervelat-Wurst
Champignons

Zum Schnabulieren ...

Cola
Cooler Drink (bei -10 Grad im Freien serviert)
Café au lait
Calvados
Cidre
Campari
Cappuccino
Cassis-Likör
Cebion-Vitamindrink
Chablis-Wein
Champagner (serviert in einem Damenschuh ...)
Cherry-Brandy
Cognac
Chianti-Wein
Curaçao-Likör
Cocktail
Coffein-Drink

C

Chauffeur* (Gutschein für eine Fahrt)

Chefkoch (der Mann kocht Fertiggericht
und serviert es fachmännisch garniert)

Chihuahua

Chinchilla

Chow-Chow

Chrysantheme

Cockerspaniel

Collie

Comicfigur (jemand zum ablachen ...)

Clown (spaßiger Partyvogel mit roter Nase ...)

Chamäleon

Christrose

Callboy (Telefonjunge für einsame Stunden ...)

Callgirl* (Gutschein für ein echtes ...)

Casanova (jemand der gern überall mitmischt ...)

Charmeur
(vorsicht Rutschgefahr, wegen Schleimspur, die er hinterher zieht ...)

Clochard (Großstadtpenner, der französische Weine bevorzugt...)

Cowboy (O-beiniger Gang wegen zuviel Manneskraft)

Closettfraülein
(lediges Ding, welches sich alle 5 Minuten die Nase pudert ...)

Chirurg (Aufschneider ...)

Computerfreak
(aufrüstbarer Laptopträger, der nur Gigabytes im Hirn hat ...)

Individuen ...

C

C

Computer
Compact-Disc (CD)
CD-Player
Cowboyhut
Canastaspielkarten
Cannabissamen
(unauffällig umfüllen in Petersiliensamentüte ...)
Cardigan
Carrara-Marmorstück
Cartoon (aufgemalt oder ausgeschnitten ...)
Cassetten-Recorder
Cello
Cellophane-Papier
Cellulitis-Creme
Charly-Chaplin-Film
Chapeau-Claque
Charakter-Analyse (Sternzeichenbuch ...)
Checkliste (Vordruck oder selbst geschrieben für ...)
Caleidoskop
Chiffontuch
Chromargantopf
Cocktailkleid
Colorfilm
Comic-Heft
Contactlinsen
Countrymusic auf CD
Computer-Spiel
Clipart-Sammlung auf CD
Cyberspace-Brille

Chile-Reise* (Gutschein oder Ticket ...)

Cirkusbesuch* (Gutschein für einen ...)

Cafeteria-Klatsch*
(Gutschein für eine Tasse Kaffee, incl. Begleitung ...)

Cabaret-Abend* (Gutschein für einen ...)

Cabriolet (in Natura oder Modell ...)

Cabrioletschlüssel
(für ein Wochenende ein Cabriolet mieten ...)

Camp-Urlaub* (Gutschein für einen ...)

Camping-Holidays* (Gutschein für ...)

Caravan (in Natura oder Modell ...)

Carrara Marmor*
(Gutschein für eine Platte oder mehr ...)

Casino-Besuch*
(Gutschein fürs Trinkgeld und Begleitperson ...)

Casting

Cembalo

Cha-Cha-Cha-Tanzkurs* (Gutschein für ...)

Chaotische Nacht*
(eine Nacht in der es drunter und drüber geht ...)

Chanson (sofort lauthals zu interpretieren ...)

Container* (Gutschein für einen Tag lang ...)

Coitus* (Gutschein für ...mal ...)

Coifferbesuch* (Gutschein für ...)

Cocain (... oder Attrappe - Puderzucker in Alufolie ...)

Charleston-Tanzkurs* (Gutschein für ...)

Californien-Trip* (Gutschein für ...)

Chemikalie
(Wasserstoffperoxyd zum Haarefärben, o.ä. ...)

China-Rundreise* (Gutschein oder Ticket ...)

X-tras ...

C

X-Tras ...

Chiffre-Anzeige* (Gutschein für Bezahlung ...)

Chlor-Filter fürs Schwimmbad

Chopper (in Natura oder als Modell ...)

Chorgesang (Geburtstagslied von allen Anwesenden ...)

Cricket-Spiel* (Gutschein für eine Herausforderung ...)

Chronik
(gebundener bebilderter Lebenslauf des Jubilars ...)

City-Bike

Cocktail-Party* (Einladung zur ...)

Colani-Werk (nur ein Original ...)

Collage (Abbildungen oder Fotografien,
zur Feier passend, hübsch arrangiert ...)

Collier (wenn schon, denn schon ...)

Concert-Gala* (Eintrittkarte oder Gutschein ...)

Couchgarnitur (nur vom Feinsten ...)

Coupon* (Gutschein zum Essengehen oder sonstiges ...)

Cremetorten-Schlacht
(gleich genügend Torten mitbringen ...)

Computerkurs für Anfänger* (Gutschein für ...)

C Clevere Chamäleons clonen Cirkus-Clowns ...

 D wie Dose ...

Dattel
Dauerlutscher
Delikateß-Senf
Dessert
Dextrose
Diätschokolade
Diätspeise
Dill-Gewürz
Dill-Lachs
Dingsbums (irgend etwas zum essen ...)
Dinkel
Dinkelbrot
Dörrobst
Dorschfilet
Dosenwurst
Dosenfleisch
Donauwellen-Kuchen
Delikatesse
(das Leibgericht derjenigen Person)
Dutzend Schnecken
Dunkles Brot
Dickmilch
Dickbelegtes Brot
Dampfnudeln
Dauerwurst
Drops

Zum Schnabulieren ...

Dämmerschoppen (nur bei Dämmerung servieren, damit die Erleuchtung kommt ...)

Dessertwein

Diätdrink

Dosenbier

Dosenmilch

Dröhnungs-Drink
(der Drink, der einem den letzten Rest gibt ...)

Dunkles Bier

Dünnbier (ein Schluck Bier auf 1 Liter Wasser ...)

Dünnpfiffmittel
(besonders zu empfehlen Rizinus Öl als Salatdressing ...)

Durstlöscher (alle Getränke ...)

Doppeldecker (2 Getränke vom gleichen Typ ...)

Destilliertes Wasser ...

D

Dachs

Dackel

Dahlie

Dalmatiner

Dammhirsch (eingebildeter Fatzke ...)

Dogge

Dattelpalme

Delphin

Dickhäuter (großzügig beleibter, gutmütiger Mann ...)

Dickschädel (...der mit dem Kopf durch die Wand)

Dieffenbachie

Dinosaurier (falls ausgestorben, auch Stofftier ...)

Distel

Dompfaff

Don Juan (... rennt jedem Rockzipfel hinterher)

Douglasfichte

Drachen (ältere, feuerspuckende weibliche Kreatur ...)

Drahtesel (ein Gefährt mit 2 Rädern ...)

Draufgänger (...geht sofort aufs Ganze)

Dreckspatz (kleckert immer beim Essen auf neue Anzüge ...)

Drehwurm (kleine männliche Kreatur, die gerne Dreher tanzt ...)

Drückeberger (... wenns soweit ist, muß er ins Büro)

Dummy (... macht jeden Crashtest in einer Beziehung mit)

Dumpfbacke (hübsche, dümmliche Kreatur)

Dumme Nudel
(weibliche Kreatur, mit einer Erbse als Gehirn ...)

Druggteufel (der sich hier eingeschlichen hat ...)

Dirndl (bayerisches, fesches Maderl,
mit viel Holz vor der Hüttn ...)

Individuen ...

D

Tragbares ...

Dachziegel
Damasttuch
Damebrett
Dame-Spielstein
Damenbarthaar (auf Goldpapier arrangiert ...)
Damenbinde
Damenrock
Damenbekleidung
Dampfbügeleisen
Dartspiel
Datenträger
Daumenabdruck
(auf der Glückwunschkarte mit Signet ...)
Daunenfeder
Deckweiß
Decoder
Deodorant
Designerhut
Desinfektionsmittel
Detektivgeschichten-Buch
Dia
Diarahmen
Diaprojektor
Diadem
(Haarreifen mit echten oder unechten Steinen ...)
Diaphragma
Dichtungsmasse
(ausgekauter Kaugummi geht auch ...)
Diebstahlverhinderer (Fahrradschloß o.ä. ...)
Diktiergerät

D

Dachpappe
Danksagungsinserat (Kosten dafür ...)
Diamant (Rohling ... evtl. ein Stück Kohle? ...)
Diamantring
Diamantschmuck
Dioxin
Diplomatenkoffer
Diplom (extra für den ... Geburtstag o.ä. ausgestellt ...)
Disney-Video
Dixielandmusik auf CD oder Kassette
Dolch
Doppelbett (2 aufblasbare Luftmatratzen ...)
Dracula-Film
Dreirad
Drei Mark (oder andere Währung, evtl. Euro? ...)
Dreschflegel
Dudelsack
Dummdummgeschoß
Duft (...das Lieblingsparfüm)
Durchschlagpapier
Durchsichtige Folie
Duschgel
Duschhandtuch
Duschseife
Duschvorhang
Duschvorleger
Dummen Spruch
(auf schönes Papier geschrieben ...)

Tragbares ...

X-tras ...

Dämmerstunde* (Gutschein für 1 Stunde zu zweit in der Abend- oder Morgendämmerung ...)

Dänemarkreise* (Gutschein oder Ticket ...)

Darlehen* (großzügige Leihgabe eines Zahlungsmittel mit Wucherzinsen ...)

Date* (Gutschein für ein Treffen ...)

Denksportaufgabe (sofort zu stellen ...)

Deutschland-Relaxing* (Gutschein für Urlaub auf Balkonien ...)

Deutschlandlied (auf der Party vorzuspielen oder zu singen ...)

Diskotheken-Trip* (Gutschein für ...)

Dominikanische Republik* (Reise-Gutschein ...)

Drive-in-Menü* (Gutschein für ein Fast-Food-Restaurant ...)

Dschungeltrip (Ausflug bei dem man sich durch meterhohes Gras schlägt ...)

Dunstwolke (Zigarette anzünden und einnebeln ...)

D Dreizehn Dinos drehen dümmliche Dinger ...

E

wie Eselsbrücke ...

Eclair
Edamer
Edelpilzkäse
Egerling
Eier
Eierkuchen
Eingemachtes
Eintopf
Eiscreme (bitte in Kühlbox ...)
Eisbein
Emmentaler
Endiviensalat
Entenbraten
Entrecote
Erbsen
Erbsensuppe
Erdapfel
Erdbeeren
Erdbeermarmelade
Erdbeerkuchen
Erdnüsse
Erdnußbutter
Essiggurke
Eßpapier
Eukalyptus-Bonbon
Extrawurst

Zum Wohle ...

Eierlikör
Einstiegsdroge (das erste Bier des Tages ...)
Einwegflascheninhalt
Eistee
Eiswein
Eiskaffee
Eisschokolade
Eiswürfelwasser
Elexier
Entkoffeinierten Kaffee
Entrahmte Milch
Entschlackungstee
Enzian-Schnaps
Erdbeerbowle
Erdbeersekt
Erfrischungsgetränk
Espresso
Exotik-Drink

E

Eber

Eidechse

Edelweiß

Efeu

Ehebrecher
(...die Ehe-Kreatur ist unpäßlich und übergiebt sich lieber)

Eiche

Eichelhäher

Eichkätzchen

Eigenbrötler
(...jemand der seine Brötchen lieber alleine aufißt)

Einhorn

Einsiedlerkrebs

Eintagsfliege

Einzelkämpfer (schlägt sich lieber alleine durch ...)

Eisblume

Elefant

Elster

Emanze (... liebt Männer in flüssiger Form - sind überflüssig)

Energiebündel
(...fragt nach dem 10ten Mal, wann es jetzt so richtig ab geht)

Engel (Traumfrau, die keinen Wunsch offen läßt ...)

Enkelkind

Ente

Einfallspinsel (Kreatur, die immer zündende Ideen hat ...)

Erika

Erbtante (bitte gut behandeln
...z.B. Arsen ins Essen mischen ...)

Esel

Individuen ...

E

Tragbares ...

Eau de Cologne
Echthaarperücke
Eckzahn (z.B. aufgehobenen Milchzahn ...)
Ehrenurkunde (extra formuliert für das Ereignis ...)
Eierlöffel
Eierbecher
Eierwärmer
Eimer
Einkaräter
Eine Mark (oder sonstige Währung ...)
Einspritzdüse
Eisenbahn (Modell ...)
Eisenbahn-Fahrplan
Eisenbahn-Zubehör
Eiswürfel (bitte in Kühlbox ...)
Elektro-Rasierer
Elferwettschein
Emblem
Empfängnisverhütungsmittel
Emulsion
Endoskop
Engelshaar (etwas Watte ...)
Entfaltungscreme
Enthaarungsmittel
Entsafter
Entschuldigungsbrief
Entspiegelte Brille
Extra erstelltes Horoskop**
(Persönliche Auswertung - sofort bestellen)

E

Eine Ausgabe ...Geschenkefibel
Ein Buch
Eine Briefmarke
Ein Kaugummi
Einkaufstüte
Einkaufskorb
Einmachgummi
Einreisevisum
(... für den Einzug in die gemeinsame Wohnung)
Eisbecher
Eishockeyschläger
Elektroauto
E-Mail-Adresse (fein säuberlich aufgeschrieben...)
Equalizer
Erfrischungstuch
Erinnerungsfoto
Erlebnis-Roman
Erotik-Film (selbstgedreht oder als Video)
Erste-Hilfe-Ausrüstung
Eselsbrücke (bitte aufschreiben ...)
Espressomaschine
Eßbesteck
Eßteller
Essensmarke
Etiketten
Eurocheque (auf x-beliebigen Betrag ...)
Expander
Exkrement (Fliegenschiß auf einem Blatt Papier ...)
Extrablatt (...ein loses Blatt extra eingepackt)

Tragbares ...

X-tras ...

Erfindung (...nur für das Ereignis bestimmte)

Eifersuchtsszene (...nur gespielt, das törnt Frauen an)

Eiffelturmbesuch* (Gutschein für ...)

Ein Kuss (sofort zu begleichen ...)

Ein Handschlag (der bei der Begrüßung stattfand ...)

Einfamilienhaus (Grundbuchurkunde beilegen! ...)

Einkaufsbummel* (Gutschein für ...)

Ein schönes Wochenende* (Gutschein für ...)

Einzimmerwohnung (Mietvertrag aushändigen ...)

Ekstase* (Rauschzustand bis zum abwinken ...)

Elba-Reise* (Gutschein für ...)

Elektroherd mit allen Schikanen* (Gutschein für ...)

Elfmeter-Schießen* (nur mit der großen Fußzehe ...)

England-Tour* (Gutschein oder Ticket ...)

Entrümpelungs-Aktion*
(Gutschein für eine helfende Hand ...)

Erholungspause* (Gutschein für 5 Minuten ...)

Erlebnisurlaub* (...mit Rucksack durch die Pampas)

Eroscenter* (Gutschein für einen Besuch ...)

Erregungszustand (das Geschenk hunderttausendmal
verpacken und verschnüren - so eine Aufregung!)

Esoterik-Lehrgang* (Gutschein für ...)

Eine Nacht* (Gutschein für 720 prickelnde Minuten ...)

E Elf Elefanten erfinden eine elektrische Eieruhr ...

F wie Federvieh ...

Fadennudel
Fallobst
Faschingskrapfen
Fast Food
Feige
Feinkost
Fertiggericht
Filetsteak
Fischstäbchen
Fladenbrot
Fleisch
Fleischwurst
Fleischtomate
Fondue
Forelle blau
Frankfurter Würstchen
Freßkorb
Frikadelle
Frischkäse
Friséesalat
Froschschenkel
Früchte
Früchtebrot
Frühlingsrollen
Frutti di Mare
Fürst-Pückler-Eis

Zum Wohle ...

Faßbier
Fäßchen Wein
Federweißer
Feuerzangenbowle
Flachmann
Flaschenbier
Flip (Milchmixgetränk ...)
Flüssigkeit (alles Trinkbare ...)
Franzbranntwein
Frankenwein
Frappé
Freibier
Frischmilch
Frischwasser
Fruchtsaft
Früchteschnaps
Fruchtlikör
Frühschoppen
Fünfuhr-Tee
Fusel

Fabelwesen

Fachsimpler
(Kreatur, die dummes Zeug intelligent rüberbringt ...)

Fadenwurm

Fakir (...liegt gern auf scharfen Individuen ...)

Falke

Falter

Farn

Fasernackte Kreatur

Fata Morgana (Gesichtsmaske einer Traumfrau
zum abdecken der weiblichen Ehe-Kreatur ...)

Faultier (sogar zum Aufstehen ist er zu müde ...)

Federvieh

Feigling (...läßt anderen den Vortritt)

Feinschmecker (...probier ihn - hmmmm ...)

Feldmaus

Femme fatale (...die wahre Versuchung)

Fensterputzer
(ein Gegenstand zum Fensterputzen, was sonst? ...)

Ferkel

Fetischist (Kreatur, die bestimmtes liebt ...)

Fettwanst (männliches Individuum mit Vorbauch ...)

Feuerschlucker (...trinkt und schnabuliert gern Scharfes)

Fichte

Filzlaus

Fink

Flamingo

Fledermaus

Fleischwolf

Fliege

Individuen ...

F

Individuen ....

Fisch
Flattermann
Fliegenpilz
Floh
Flunder
Föhre
Forelle
Fossilie
Fotomodell (...sich selbst in Pose stellen)
Foxterrier
Frankenstein (männliches Individuum,
bei dem alle Versuche es zu formen mißglückten ...)
Frau (weibliches Individuum ...)
Frechdachs
(jemand der nie um einer faulen Ausrede verlegen ist ...)
Freesie
Freiwild (männliche oder weibliche umherfleuchende
Kreatur, die noch zu haben ist ...)
Freßsack (jemand der gerne seinen Magen füllt ...)
Freudenmädchen (...das macht Freude)
Freund
Freundin
Friedenstaube
Frischling (jungfräuliche Kreatur ...)
Freches Früchtchen
(...ist nicht auf den Mund gefallen)
Frosch
Frühaufsteher
(...bei dem steht die Morgenlatte früher, als er wach ist))
Fuchs

Fachbuch
Faden
Fahne
Fahndungsfoto
Fahrgeld
Fahrkarte
Fahrplan
Fahrrad
Fahrradschlüssel
Fallschirm
Falschgeld (...selbstgedrucktes oder Spielgeld)
Faltblatt (...gefaltetes Blatt Papier)
Faltencreme
Faltenrock
Faltschachtel (gleichzeitig die Geschenkverpackung ...)
Familienalbum
Fanfare
Fagott
Fangopackung
Fangzahn
Färbemittel
Farbkasten
Farbstift
Faserschreiber
Fäustling
Fax
Faxgerät
Feder
Federball

Tragbares ...

F

Tragbares ...

Federmäppchen
Federzeichnung
Feigenblatt
Feile
Feinstumpfhose
Feinwaschmittel
Feldflasche
Felge
Felgenreiniger
Fell
Fensterreinigungsmittel
Fenstergriff
Fernbedienung
Fernglas
Fernsehprogramm
Festiger
Festplatte
Fettnäpfchen
Feuerlöscher
Feuerwehrauto (Spielzeug ...)
Feuerwerkskörper
Fibel - die wahnwitzige megastarke Geschenke...
Fichtennadel
Fichtennadelschaumbad
Fiedel
Fieberthermometer
Film
Filmkamera
Filtertüte

F

Feuerzeug
Filterzigarette
Fingerabdruck (...auf ein Blatt Papier)
Fingerfarbe
Fingerhut
Flakon
Flanellhemd
Flaschenöffner
Fleckenentferner
Fleckerlteppich
Fleischklopfer
Fliegenklatsche
Fließpapier
Flokati
Floppy Disc
Flöte
Flugzettel
Flügelhorn
Flurgarderobe
Fön
Folie
Fondueset
Fonduegabel
Formaldehyd
Fotoalbum
Fotoapparat
Fotografie
Fotokopie
Fotzhobel

Tragbares ...

F

Tragbares ...

Frack
Frage+Antwort-Spiel
Fragezeichen (aufgemaltes ...)
Frauenhaar
Freikarte für ...
Freiumschlag (Umschlag mit Briefmarke ...)
Freizeitanzug
Freizeitschuhe
Fremdwörterbuch
Freßnapf
Frischblut (...sich in den Finger stechen)
Frisbee Scheibe
Frisierumhang
Friteuse
Frostschutzmittel
Frotteehandtuch
Fünf Mark (...oder sonstige Währung)
Führerschein (...zum Kinderwagenfahren)
Füller
Fummel
Funkanlage
Fußabstreifer
Fußabdruck (... auf Papier)
Fußbad
Fußball
Fußballschuh
Fußpilzcreme
Futterstoff
Futteral

F

Fahrstunde*

Fahrzeug

Fäkalien (einmal den Ausdruck Scheiße sagen ...)

Fallbeil

Familienfeier* (Einladung zu einer ...)

Fangfrage (...sofort zu stellen)

Farbfernseher - größtes Exemplar

Faschingsscherz* (...für einen Faschingsball ...)

Faulenz-Gutschein (...für 1 Tag zum Abschalten)

Fluorkohlenwasserstoff (FCKW in Dosen ...)

Federkernmatratze

Fehlkonstruktion
(...ein mißglücktes, selbstgebasteltes Geschenk)

Fehltritt* (... einmal mit jemand anderen)

Feierabendmenü*
(Gutschein zum Essengehen nach Arbeitsende ...)

Fensterln (... 1 x unverhofft bei Nacht)

Ferienlager*

Fernost-Trip* (Gutschein für 1x chinesisch Essengehen)

Fingerspitzengefühl*
(Liebkosung nur mit den Fingerspitzen ...)

Finnlandreise*

Firlefanz (...unnützes, aber Lustiges)

First-Class-Hotel* (1 Übernachtung ...)

Fitness-Training* (...für ... Monate in einem Fitness-Studio)

Flause (... demjenigen in den Kopf setzen)

Fleuropstrauß*

Flipperautomat

Flirt (...unbedingt leidenschaftlich)

X-tras ...

F

X-tras ...

Florida-Urlaub*
Floßfahrt*
Flugobjekt (...evtl. unbekanntes)
Folkloretanzkurs*
Folterinstrument
(z.B. Feder, mit der man jemand fast zu Tode kitzelt ...)
Fond*
Fortbildungsseminar*
Freibad-Besuch*
Freiheitsstatuenbesichtigung*
FKK-Urlaub*
Fremdsprachenkurs*
Freudenträne (...bitte Zwiebel mitnehmen, falls das Geschenk keine Freudenträne bewirkt)
Frigiditätskiller* (...heißen Filmstreifen incl. Begleiter)
Freundschaftsdienst*
Frischluft (einmal vor die Haustür gehen...)
Friseurbesuch*
Frühjahrsputz* (...für Hilfe beim ...)
Furz (... auf Kommando vorzuführen)
Fußballstadionbesuch*
Fußmarsch* (...ins nächstgelegene Lokal)
Fußpflege*
Futtonbett*

F

Flippige Fliegen fangen frechfröhliche Frösche ...

G wie Glückspilz ...

Gänseleberwurst
Gänsebraten
Garnelen
Gartenfrüchte
Gebäck
Geburtstagstorte
Geflügel
Gelatine
Gelbe Rüben
Gemüse
Geräuchertes
Getreide
Gewürzgurken
Golden Delicious
Gorgonzola
Göttinger Wurst
Gouda
Granatapfel
Granatsplitter
Granny-Smith
Grapefruit
Griebenschmalz
Grieß
Grünkohl
Gugelhupf
Gummi-Bärchen

Gänsewein
Geburtstags-Cocktail
Gefahrenquelle (übergroße Schnapsflasche...)
Gelabbere (... irgendeine fade Limo)
Gelbe-Rüben-Saft
Gemüsesaft
Genußmittel
Gerstensaft
Gesöff (...billiger Fusel)
Gesundbrunnen (...Multivitamindrink)
Getränk
Gin
Gin-Fizz
Ginger Ale
Ginsengtonikum
Gin Tonic
Glühwein
Grapefruitsaft
Grappa
Grenadine
Grog
Grundnahrungsmittel (... in Bayern = Bier)
Gurgelwasser

G

Galgenvogel (Spaßvogel mit schwarzen Humor ...)

Gammler (...hat genug Geld, zeigt es aber nicht)

Gämse

Gangsterbraut (... die haut jeden übers Ohr)

Gans

Gänseblümchen

Gaudiwurm (Stimmung in die Länge gezogen...)

Gazelle

Gecko

Gefährte (...zum Spielen)

Gefühlsmensch (...tut keiner Fliege was zuleide)

Gegenstück (...paßt immer)

Geheimniskrämer (... macht es nur im Dunkeln)

Geier

Geisha (Traumfrau, die einem Mann alle Wünsche erfüllt)

Geißblatt

Geizkragen (...würde nicht mal Samen spenden)

Gelackmeierter (...Zweitmann)

Geliebte

Genie (...weiß auf alles die richtige theoretische Antwort)

Genießer (schweigende Kreatur mit geringem Wortschatz ...)

Gentleman (...der hat den guten Ton gepachtet)

Gepard

Geranie

Geschäftspartner

Gesundheitsapostel
(...bei ihm ist man in guten Händen)

Gestrüpp (undefinierbares Grünzeug ...)

Gesteck

Individuen ...

Gewohnheitstier (... der gewöhnt sich an alles)

Gewürznelke

Giftschlange (Regenwurm mit Aufschrift giftig ...)

Gigolo (...der kommt an keinem Rock vorbei)

Ginster

Giraffe

Glamourgirl (...alles nur Show)

Globetrotter (Allerweltstrottel ...)

Glockenblume

Gloxinie

Glückskäfer

Glücksschwein

Glühwürmchen

Gockelhahn

Go-Go-Girl (...fit und immer in Bewegung)

Goldfisch

Goldhamster

Gorilla

Göttergatte

Grashüpfer

Greenhorn (... muß sich die Hörner erst abstoßen)

Grizzlybär (wohlbeleibter, gemütlicher Mann)

Grünschnabel (...kennt nur die Missionarsstellung)

Gspusi (Individuum zum Schmusen ...)

Gummiadler (zähes, altes Hühnchen ...)

Gummibaum

Gummipuppe
(...nur für eingefleischte Junggesellen)

Guppy

Individuen ...

G

Gabel
Gabelschlüssel
Gallenstein (...in Gefäß dekoriert)
Galosche
Gamasche
Gamsbart
Gänsefeder
Gänsefüßchen (... auf ein Blatt Papier gemalt)
Garantieschein (... das Geschenk betreffend)
Garderobe
Garderobenhaken
Gardine
Gardinenstange
Garnknäuel
Gartenzwerg
Gasfeuerzeug
Gasflasche
Gasmaske
Gaspistole
Gästehandtuch
Gaze
Gebäckschale
Gebiss (...Spielzeug o.ä.)
Gebißreiniger
Gebrauchsanweisung
Gebrauchsgegenstand
Gedächtnisstütze (Spickzettel ...)
Gedanken-Spiel
Gedenkmünze

Tragbares ...

G

Gedicht (...selbstgeschrieben)
Gedichtesammlung
Geduldsspiel
Geduldsfaden (hundertfach verknoteter Faden ...)
Gefäß
Geflügelschere
Gefrierschutzmittel
Gefühlsechter (...Kondom)
Gegensprechanlage
Geheimnis (...nicht verraten)
Gehgips
Gehirnjogging (...Rästelaufgabe stellen)
Geige
Geigenbogen
Geigensaite
Geigerzähler
Geisterschichten-Buch
Geld
Geldbeutel
Gelumpe (...etwas unbrauchbares)
Geodreieck
Gepäcknetz
Geräuschdämpfer (...Watte für die Ohren)
Geringelte Socken
Geschenkefibel
Geschenkpapier
Geschichtenbuch
Geschicklichkeitsspiel
Geschirr

Geschirrtuch
Geschirrspülmittel
Gesellschaftsspiel
Gesichtscreme
Gestricktes
Getränkekarte (...aus einem Lokal)
Getreidemühle
Getriebeöl
Gewand
Gewehr
Gießkanne
Gimmick (...ausgeschnitten oder gemalt)
Gips (...gibt's auch)
Gipsfigur
Girlande
Gitarre
Gitarrensaite
Glacéhandschuh
Glanzpapier
Glanzhaarspray
Glasauge
Gläser
Glasmalerei
Glasreiniger
Glassplitter (...sorgfältig verpackt)
Glaswolle
Gleichung (...Formel auf einem Blatt Papier)
Gleitcreme
Gleitschuh

Tragbares ...

G

Glimmstängel
Globus
Glockenrock
Glockenspiel
Glosse (...selbst verfaßt)
Glückspfennig
Glückwunschkarte
Glühbirne
Glyzerin-Creme
Goldbarren
Goldmünze
Goldzahn
Granatschmuck
Gräte (... vom letzten Fischessen)
Gratisprobe
Graues Haar
Gravur (... auf dem Geschenk)
Greifzange
Grill
Grillkohle
Groschenroman
Gruppenbild
Gummihandschuhe
Gummiball
Gummiboot
Gummistiefel
Gurkenhobel
Gürtel
Gutschein

Galakonzert*

Galeriebesuch*

Gänsehaut (...einen Schrecken einflößen)

Gardasee-Urlaub*

Gartenparty*

Gassenhauer (... sofort zu singen)

Gaudi*

Gaumenkitzel (...Feder zum Kitzeln nicht vergessen)

Geborgenheit (...einmal in den Arm nehmen)

Gebrauchtwagen*

Geburtstagsfeier*

Gedenkminute (... einlegen)

Gedudel (... Musikmachen mit Blasinstrument)

Gefälligkeit*

Gefriertruhe

Gefühlsduselei (...Liebeserklärung machen)

Gefummel (...Vorspiel)

Gegrinse (...beim Glückwunsch auflegen)

Gehirnwäsche (...so küssen, dass man alles vergißt)

Geisterbahnfahrt*

Geistesblitz (...was einem in dieser Minute dazu einfällt)

Gejodel (...Musikmachen mit bayerischem Mundwerk))

Geklatsche (... beim Auspacken des Geschenkes)

Geklimper (Musikmachen auf dem Piano)

Gelaber (...dumm daherreden)

Geländefahrt*

Geländewagen

Geldwäsche (...1x bei 90 Grad mitwaschen)

Geleitschutz (...bieten beim Toilettengang)

X-tras ...

G

Geheimrezept (...verraten von ...)
Genitalmassage*
Geräteschuppen
Gesäßmuskeltraining
(...den Gastgeber nie zur Ruhe kommen lassen ...)
Geschirrspülmaschine
Geschlechtsverkehr*
Gesprächsstoff (...geben über ...)
Gewächshaus
Girokonto*
Gleichschritt (... einen Schritt zusammen machen)
Glück (... wünschen)
Gokartrennen*
Gratulation (... zu dieser Gelegenheit)
Griechenland-Urlaub*
Grönlandfahrt*
Großeinkauf*
Großreinemachen* (... Hilfe anbieten beim)
Gruppensex*
Gruselfilm*
Gstanzl (gesungenes Schnaderhüpferl)
Gute-Nacht-Kuss*
Gymnastik-Kurs*

G Grüne Gurken genießen gerne Grünschnäbel ...

H wie Holzbein ...

Haferflocken
Hagelzucker
Haifischflossen-Suppe
Halbfettmargarine
Hamburger
Hammelkeule
Harzer-Käse
Haselnüsse
Hausmacher Wurst
Hawaii-Toast
Haxe
Hefezopf
Heidelbeere
Heringsfilet
Hiefenmark
Himbeeren
Himbeerkuchen
Hinterschinken
Hirsekörner
Honig
Hörnchen
Hot Dog
Hühnerei
Hülsenfrüchte
Hustenbonbon
Hüttenkäse

Zum Wohle ...

Hafermilch
Hagebutten-Tee
Halbtrockener Wein
Halbtrockener Sekt
Hawaii-Cocktail
Heilserum
Heidelbeerwein
Heuriger
Hibiskus-Tee
Himbeergeist
Himbeersirup
H-Milch
Hochprozentiges (... Schnaps o.ä.)
Hochzeitswein
Holunderbeersaft
Honigwein
Hustensaft

H

Habicht
Haderlump (...Kreatur, das um jeden Preis feilscht)
Hai
Hainbuche
Halbstarker (...männliches junges Individuum,
dessen Gehirn in der Hose sitzt)
Hallodri (...der ist überall zu Hause)
Halsabschneider
(...raubt einen auch noch den letzten Verstand)
Hamamelis
Hampelmann
(...Kreatur, die die Zügel dem anderen in die Hand gibt)
Hamster
Handlanger (...hilft bei Handarbeiten)
Handleserin (...Analphabetin, die nur Linien kennt)
Handwerker (...ist für alles zu gebrauchen,
doch läßt öfter auf sich warten)
Hängebauchschwein
Hansdampf
(...rauchendes Individuum, das auf den Namen Hans hört)
Haselmaus
Hase
Haudegen (...an den hat man sich schon lange gewöhn)
Hauskatze
Hausfreund
Hausdrachen (...einziges feuerspeiendes überlebendes
Individuum)
Hausschwein
Haustier
Hecht
Heckenrose

Individuen ...

H

Individuen ...

Heidekraut

Heidschnucke

Heilpraktiker (...kennt auch ein Mittel gegen Herzklopfen)

Heinzelmännchen (...kommt in der Nacht und säubert die Verwüstungen der Party)

Held (...rettet die Anwesenden vor Alkoholvergiftung, indem er alles lieber selbst trinkt)

Hengst (...das Mega-Individuum im Bett)

Herbstblume

Herzallerliebsten (...das persönliche Individuum)

Heuschrecke

Hippie (...Langhaariger Raucher mit Blumenmusterhemd)

Hirschkäfer

Hitzkopf (...Kreatur, die sich trotz Fieber auf die Party schleppt)

Holzbock

Homosapiens (...Kreatur mit menschlichen Ursprungs)

Honigkuchenpferd (...was für Schleckermäulchen)

Hornisse

Hornochse (...gutmütige schusselige Kreatur, mit Beule am Kopf)

Hortensie

Huhn

Hummer

Hund

Hundsveilchen

Hyazinthe

Hydrokultur

Haarfärbemittel
Haarfestiger
Haarklammer
Haarspray
Haartrockner
Haarwaschmittel
Hackbeil
Hackbrett
Häckseler
Haferl
Haftschale
Hahnenfeder
Häkelnadel
Halbedelstein
Halbstiefel
Halfter
Halma-Spiel
Halogenstrahler
Halskette
Halstuch
Hammer
Hämorrhoiden-Creme
Handbesen
Handball
Handbuch
Handcreme
Handtuch
Handgranate
Handkorb

Tragbares ...

Tragbares ...

Handtasche
Handpuppe
Handschuh
Handspiegel
Handwerkszeug
Handy
Handschriftliches (...die Glückwunschkarte)
Handzettel
Hanfseil
Hängematte
Hantel
Hard-Rock auf CD
Hardware für den Computer
Harlekin-Kostüm
Harmonika
Harpune
Hartgeld
Haube
Hausschlüssel
Hausschuh
Hautcreme
Havannazigarre
Heckenschere
Heft
Heftklammer
Heftpflaster
Heiligenschein (...aus Goldpapier ausgeschnitten)
Heimcomputer
Heimtrainer

Heizkissen

Heizöl (...etwas in einem Kanister)

Heliumgas

Helium-Luftballon

Helm

Hemd

Hemdbluse

Hemdknopf

Henkelkrug

Henna zum Haarefärben

Herrenmagazin

Hi-Fi-Anlage

Hillibillymusik auf CD

Hinterglasmalerei

Hintergrundmusik (Entspannungs-CD)

Hip-Hop-Musik-CD

Hirtenflöte

Hobbybedarf

Hobel

Hobelspan (...schön verpackt)

Hochzeitsgeschenk

Hochzeitskleid

Hockeyschläger

Höhensonne

Hologramm

Holzbein

Holzkiste

Holzkohle

Holzschutzmittel

Holzleim
Hörgerät
Hörmuschel
Horn
Hornbrille
Hornhaut (...ein Stück abgehobelte)
Horoskopbuch
Höschen
Hose
Hosenträger
Hot Pants
Hufeisen
Hüfthalter
Hühneraugenpflaster
Hula-Hopp-Reifen
Humuserde (...in Streichholzschachtel)
Hundefutter
Hundeleine
Hunderter
Hupe
Hut
Hutnadel
Hüttenschuh

Tragbares ...

H

Haarschnitt*

Haarspitzenkatarrh (...dafür sorgen, dass derjenige soviel trinkt und am nächsten Morgen einen ... hat)

Hab + Gut
(...Brotzeit in Kopftuch gepackt, am Spazierstock gebunden)

Hafenrundfahrt*

Haiti-Urlaub*

Hallenbad-Besuch*

Halluzination (...ihr vorzuschwärmen, was man doch für ein toller Hecht ist)

Hammondorgel

Händedruck (...bei der Begrüßung)

Handkuß (...sofort gekonnt zu verrichten)

Happening* (...für ein lustiges Treffen)

Harmonie* (...für 1 Tag ohne Meinungsverschiedenheit)

Hausputz*

Hawaii-Urlaub*

Heimatfest*

Heimfahrt*

Heimlichkeit (...ihr verstohlen einen Blick zuwerfen)

Heiratsantrag
(...ernstgemeinter, sofort vor allen Versammelten zu stellen)

Heißluftherd

Heiterkeit (...einen Witz erzählen)

Helgoland-Reise*

Hemmungslosigkeit (...alles wozu man Lust hat, aber bitte erst wenn die Partygäste fort sind)

Herausforderung (...zu einem Spiel)

Herrenabend*

Herrenbesuch (...dieser Besuch,

X-tras ...

Herzenswunsch (...desjenigen erfüllen)

Hilfsbereitschaft (...Zigarette anzünden)

Himmelbett

Hingabe* (...1 x beim 6 unten liegen)

Hinkelstein (...mit Kran liefern lassen)

Hintertupfingen-Trip* (...Reise zum Hinterteil der Welt)

Hirngespinst
(...diejenige überzeugen, welche Traumfrau sie sei)

Hochseeangeln*

Hochzeitsfeier*

Hochzeitsreise*

Hochzeitsnacht*

Hokuspokus (...Zaubertrick vorführen)

Holland-Reise*

Hollywood-Trip*

Hollywood-Schaukel

Horrortrip* (...die männliche Kreatur
schenkt dem weiblichen Individuum einen Einkaufsbummel)

Hubschrauber (in Natura oder als Modell)

Humor (... ein bißchen davon abgeben)

Hundesalonbesuch*

Hymne (...sofort zu trällern)

Hypnose (... schau´mir in die Augen Kleines)

H Haben Halbstarke heute Heiß-Hunger? ...

I wie Individuum ...

Imbiss
Imkerhonig
Ingwer
Invertzucker
Irish stew
Italienisches Essen

Zum Schnabulieren ...

... ausnahmsweise
auf dieser Seite ...

Zum Wohle ...

Icetea
Ingwerlimonade
Ingwer-Likör
Instant-Kaffee
Instant-Tee
Instant-Milch
Instant-Getränk
Irish coffee
Isotonischer Drink
Italienischer Wein

Individuen ...

Idealfrau (...entspricht 100%ig den Wunschvorstellungen)
Idealmann (...macht alles, was frau wünscht)
Igel
Ikebana-Gesteck
Iltis
Immergrün
Indianer (...von der Sonne verbrannte Rothaut)
Individuum (...jegliche Art von Lebewesen)
Individualist (...paßt überall und nirgendwo hin)
Insekt
Insider (...trägt Klamotten vom letzten Schrei)
Installateur (...benötigt man für allerlei Rohrbrüche)
Intellektueller (...einer spinnt immer)
Intelligenzbestie
(Kreatur, die immer schlaue Antworten parat hat)
Iris

Illustrierte

Immerwährende Geschenkefibel

Implantat

Importwaren

Imprägniermittel

Impressum (aus einer Zeitung ausgeschnitten ...)

Inbusschlüssel

Indianerschmuck

Indianerzelt

Industriemüll (...keine Recyclingverpackung)

Individuelles Horoskop**

Influenzamittel

Informations-Zeitung

Infrarotstrahler

Inhalationsapparat

Inhaltsverzeichnis (...z.B. aus einem Buch)

Initialen (...auf dem Geschenk angebracht)

Insektenvertilgungsmittel

Instrument

Integralhelm

IQ-Test (...evtl. als Buch)

Internet-Programm

Interpunktionszeichen (...auf ein Blatt Papier gemalt)

Intimspray

Intimwaschlotion

Intrigen-Spiel

Irgendetwas

Isolierband

I-Tüpfelchen (...die Krönung des Geschenks)

Tragbares ...

X-tras ...

Ibiza-Urlaub*
Idee (...verraten)
Idylle*
(... ein ruhiges Wochenende in geschmackvoller Umgebung)
Illusion* (...fauler Zaubertrick)
Immobilie
Indienreise*
Initiative (überlassen, die Geburtstagskerze auszublasen)
Inlandsreise*
Information (...brauchbares Info weitergeben)
Inseltrip*
Inspektion* (...die Kosten für die Autoinspektion)
Inspiration (...nur geeignet für der Typ Mann/Frau, der einen inspirieren läßt)
Investmentfond*
Irgendwohin*
Interpretation (...wenn man nicht das richtige Geschenk gefunden hat, die Geschenkefibel zu verschenken)
Irlandreise*
Irokesen-Haarschnitt*
Irrfahrt*
Ischia-Reise*
Israel-Urlaub*
Istanbul-Trip*
Italien-Reise*

Infrarotgrills inspirieren immer ihre Indianer ...

wie Juckpulver ...

Jaffa-Apfelsine
Jagdwurst
Jägerschnitzel
Jodsalz
Joghurt
Johannisbeere

Zum Schnabulieren ...

... ausnahmsweise auf dieser Seite ...

Zum Wohle ...

Jägertee
Jahrhundertwein
Jamaika-Rum
Johannisbeerwein
Johannisbeersaft
Johannisbeer-Likör
Juice
Jungbrunnen
(...täglich ein Glas Wein)

Individuen ...

Jagdtrophäe

Jaguar

Jammerlappen
(...rührselige Kreatur, der nah am Wasser gebaut hat)

Jasmin

Jelängerjelieber

Jogger (...Individuum, das immer in Bewegung ist)

Jongleur (...bringt es immer wieder fertig,
nichts durcheinanderzubringen)

Jugendfreund

Jugendfreundin

Jungfer (...weibliche Kreatur, die enthaltsam lebt)

Junggeselle (...eingefleischter - hat weiblichen Kontakt,
würde aber niemals ein Ja-Wort über die Lippen bringen)

Jungtier

Junikäfer

Jacke
Jacketkrone* (Gutschein für ...)
Jackett
Jacquardstoff
Jade
Jagdgewehr
Jägerhut
Jalousie
Jauche (...abgefüllt in Flaschen)
Jazz-CD
Jeans
Jeansrock
Jeansjacke
Jogginganzug
Joggingschuhe
Jo-Jo
Jojobaöl
Jonglierbälle
Journal
Joystick
Juckpulver
Jugendstillampe
Jugendstilschmuck
Jugendbild
Jukebox
Jupiter-Abbildung
Jute-Seil
Jutetasche
Juwelen

Tragbares ...

J

Jacht
Jägerlatein (...jemand einen Bären aufbinden)
Jahresabo*
Jahresurlaub*
Jahreswagen
Jakarta-Reise*
Jamaika-Urlaub*
Japan-Trip*
Jauchzer (...dann juchzen Sie schon mal)
Ja-Wort (...die Frage, ob man was zu Trinken möchte, mit Ja beantworten)
Jazzgymnastik-Kurs*
Jeep
Jiu-Jitsu-Kurs*
Jive-Tanzkurs*
Jodler (...das Geburtstagskind bitten Ihnen fest auf den Fuß zu steigen)
Jogging*
Jubiläumsfeier (...eine wie diese)
Judokurs*
Jumbojetflug*
Jungenstreich (...das WC-Papier verstecken)
Jungfernfahrt* (...erste Fahrt in einem neuen Vehikel oder Fahrt bei der nur Jungfern mitfahren dürfen)
Jux (...das Geburtstagskind hinters Licht führen)

J

Jungtiere jagen jede joggende Jungfer ...

K

wie Kuscheltier ...

Kabanossi
Kaiserfleisch
Kaiserschmarren
Kaisersemmel
Kaktusfeige
Kalbshaxe
Kalbsleberwurst
Kaltschale
Kanapee
Kandierte Früchte
Kandiszucker
Kapern
Karamelbonbon
Karamelpudding
Kardamon
Karlsbader Oblaten
Karotte
Kartoffel
Kartoffelchips
Kartoffelknödel
Kartoffelmehl
Käse
Käsekuchen
Kasseler
Katzenzungen
Kaubonbon

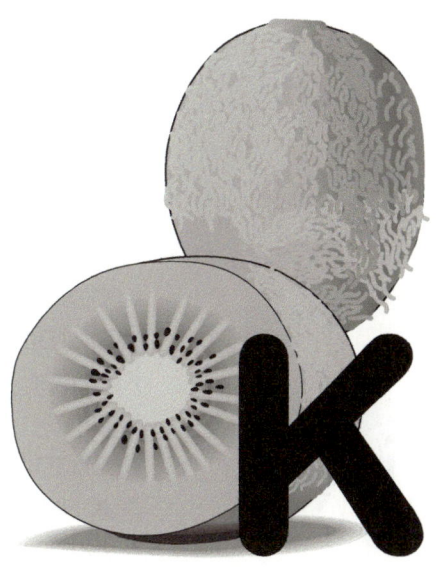

Kaugummi
Kautabak
Kaviar
Kekse
Kernobst
Ketchup
Kichererbsen
Kirschen
Kiwi
Knackwurst
Knoblauch
Knoblauchbutter
Knusperflocken
Kochsalz
Kohlrabi
Kokosnuß
Kompott
Konfekt
Konfitüre
Königinpastete
Konserve
Kopfsalat
Krabben
Krapfen
Kräuter
Kresse
Krokant
Kuchen
Kürbis

Kabinettwein
Kaffee
Kakao
Kamillentee
Karottensaft
Kartoffelschnaps
Kater-Drink
Kefir
Kir royal
Kirschlikör
Kirschsaft
Kirschwasser
Kleine Flasche Bier
Kohlensäurehaltiges Getränk
Kokosmilch
Kölnischwasser
Kölsch
Kondensmilch
Korn
Krambambuli
Kräuterlikör
Kräutertee
Kroatzbeer-Likör
Kuhmilch
Kulmbacher
Kümmelschnaps

Zum Wohle ...

K

Individuen ...

Kabeljau

Käfer

Kaffeetante (...Kreatur, die nur Kaffee trinkt)

Kakadu

Kakerlake

Kaktus

Kaltmamsell (...verfrorene Mama)

Kamel

Kamelie

Kammerjäger (...jagt nur Hausgenossen)

Kämpfernatur (...Ökofreak, der nicht aufgibt)

Kampfhund

Känguru

Kaninchen

Kapitalhirsch
(...stolze Kreatur, in dessen Augen die Banknoten blitzen)

Karpfen

Karrierefrau (...tut alles um vorwärtszukommen)

Katze

Kaulquappe

Kavalier (...verschwiegener Genießer)

Kellerassel

Kettenraucher (...nuckelndes Rauchzeichen)

Kiebitz

Kiefer

Kindermädchen* (...für diesen Tag)

Kindskopf (...nie erwachsen werdende Kreatur)

Klapperstorch (...den gibt's wirklich, oder wo sollen
sonst die vielen kleinen Babys herkommen?)

Klatschmohn

Kleeblatt (...4-blättrig, wenn schon, denn schon)

Klematis

Klettermaxe (...fensterlt auch im 5. Stock)

Kletterpflanze

Klinkenputzer (...säubert gerne Türgriffe)

Klugschwätzer
(...9xklug =klügerererererererereres Individuum)

Knallfrosch

Knilch (...trinkt keine Milch)

Knollenblätterpilz

Koalabär

Kohlmeise

Kolibri

Komplize (...steht Schmiere)

Kornblume

Kostverächter (...ernährt sich von Luft und Liebe)

Krähe

Kranzjungfer (...die Blumen vom Kopfkranz sind jungfräulich)

Kratzbürste
(...widerspenstige Kreatur mit Haaren auf den Zähnen)

Krawattenmuffel (...trägt am liebsten T-Shirts)

Kredithai (...verlangt für einen Blick Zinseszinsen)

Krokodil

Kröte

Küchenfee
(...zaubert aus Nichts etwas für den Gaumen)

Küken

Kurschatten (...was man nicht weiß, macht ...)

Individuen ...

Tragbares ...

Kabel
Kabeltrommel
Kaffefilter
Kaffeekanne
Kaffeelöffel
Kaffeemaschine
Kaffeeservice
Käfig
Kaftan
Kajalstift
Kalaschnikow
Kaleidoskop
Kalender
Kalligraphie-Füller
Kamasutra
Kamelhaardecke
Kamera
Kamm
Kanister
Kapodaster
Kappe
Karabinerhaken
Karaffe
Karfunkelstein
Kariertes Blatt Papier
Karikatur
Karteikarte
Kartenspiel
Kartoffelsack

Karton
Kasack
Kaschmirschal
Käseblatt
Käsemesser
Kassenzettel
Kasserolle
Kassette
Kassettenrecorder
Katalog
Katzenfutter
Kehrichteimer
Keramikvase
Kern (...von einem Apfel o.ä., schön verpackt)
Kernseife
Kerze
Kerzenständer
Kettcar
Kette
Kettenbrief
Keuschheitsgürtel
Keyboard
Kickerspiel
Kieselstein
Kimono
Kinderkleidung
Kinokarte
Kissen
Kissenüberzug

Tragbares ...

Tragbares ...

K

Kiste
Kitsch
Kittel
Klammer
Klamotte
Klangkörper
Klappmesser
Klappstuhl
Klarinette
Klarsichtfolie
Klassenlotterie-Schein
Klassik-CD
Klebstoff
Klebstreifen
Kleiderbügel
Kleidung
Kleinbildkamera
Kleingeld
Klimperkasten
Klingeldraht
Klistier
Klosettbürste
Klosettpapier
Knallbonbon
Kneifzange
Knetmasse
Knickerbockers
Knieschoner
Kniestrümpfe

Knobelbecher
Knüppel
Kochbuch
Kochlöffel
Kochtopf
Koffer
Kohle
Kohlepapier
Kolophonium
Kombinations-Spiel
Kombizange
Kommode
Kompaß
Kondom
Konfetti
Kopfhörer
Kopfkissen
Kopftuch
Kopie
Kopiergerät
Korallenkette
Korb
Korken
Korkenzieher
Korsett
Kosmetik
Kostüm
Krachlederne
Kraftstoff (...in Reservekanister)

Tragbares ...

Tragbares ...

Kranz
Kräuselband
Krawatte
Krawattennadel
Kreide
Kreisel
Krepp-Papier
Kreppeisen
Kreuzschlüssel
Kreuzworträtsel
Kricketspiel
Krimi
Kristallglas
Kronkorken
Krug
Küchenuhr
Küchenwaage
Kuchenform
Kuchengabel
Kuchenschaufel
Kübel
Kugel
Kugelschreiber
Kühlschrank
Kühltasche
Kulturbeutel
Kupferpfennig
Kupferdraht
Kuvert

K

Kabaretbesuch*
Kachelofen*
Kaffeekränzchen*
Kalifornien-Trip*
Kaltluft (...mit Fächer zuwedeln)
Kanada-Reise*
Kanarische Inseln*
Kappenabend*
Karatekurs*
Karezza
(...nach München fahren wollen, doch vorher aussteigen)
Karibik-Urlaub*
Karussellfahrt*
Kasperltheater*
Katzenmusik
(...absolut falschklingendes Geburtstagsständchen)
Kavalierstart* (...1x anfahren, mit quietschenden Reifen)
Kegelabend*
Kenia-Reise*
Kickbox-Kurs*
Kindheitstraum (...des Schatzerls erfüllen)
Kirmesbesuch*
Kissenschlacht*
Klapperkiste* (...altersschwaches Vehikel)
Klavier
Klavierkonzert*
Kleiderschrank
Kneipentour*
Knicks (...sofort vorzuführen)

X-tras ...

X-tras ...

Know-how* (...für ein sündhaft teueres Kleidungsstück)
Knüller (...den absoluten auf die Party mitbringen)
Knutschfleck (...ohne lang zu fackeln, vollbringen)
Kombi* (...für 1 Tag als Leihauto)
Kommentar (...dazu abgeben)
Komödienstadel*
Kompliment (...Süßholz raspeln)
Konditionstraining*
Kopfnuß (...Denkaufgabe stellen)
Kopfstand (...sofort vorzuführen)
Körperwärme (...einmal an die Brust nehmen)
Korsika-Reise*
Kosename (...für denjenigen ausdenken)
Kosmetiksalon*
Kraftfahrzeug*
Kreativurlaub*
Krokodilsträne (...muß auf Kommando rauskullern,
wenn nicht, Freund Zwiebel hilft immer)
Kuhhandel* (...Partnertausch für 1 Nacht)
Kung Fu-Training*
Kunststück (...vorführen)
Kurzurlaub*
Kuss (...sofort, herzlich und schmatzend)

K Kunterbunte Kochlöffel kauen keine Kaugummis ...

L wie Löwenzahn ...

Labskaus
Lachs geräuchert
Lachsschinken
Laib Brot
Lakritze
Lammkeule
Landbrot
Landjägerwurst
Lasagne
Lauch
Laugenbrezel
Lebensmittel
Leberkäse
Leberwurst
Lebkuchen
Leckerbissen
Liebesapfel
Lieblingsessen
Liebstöckel
Limburger Käse
Limette
Linsen
Litschi
Löffelbiskuit
Lutscher
Lyoner Wurst

Zum Wohle …

Lagerbier
Lambrusco
Landkaffee
Landwein
Lavendelwasser
Lebenselixier
Lebertran
Leichtes Bier
Leichte Limonade
Leichte Milch
Leitungswasser
Light-Getränk
Likör
Limonade
Lindenblütentee
Longdrink
Lumumba

Labrador

Lachtaube

Lackaffe (...männliche Kreatur mit Gel im Haar)

Ladenhüter (...älterer Single, den keiner haben will)

Lady (...Individuum, das beim Kaffeetrinken
den kleinen Finger von der Tasse spreizt)

Lakai (... männliches Individuum,
das alles macht was man von ihm verlangt)

Lama

Lämmlein

Landpomeranze
(...weibliche Kreatur, mit tierischem Duftstoff)

Langbeinige (...bei der ist kein Platz mehr fürs Gehirn)

Langhaardackel

Langohr (...Hase oder Kaninchen)

Langschläfer
(...früh Morgens um 12.00 Uhr, kann der Tag beginnen)

Lanzenfarn

Lärche

Lästermaul (...bringt hemmungslos Komplimente rüber)

Latin Lover (...Wunsch-Traummann mit knisternder Ausstrahlung)

Laubbaum

Laubfrosch

Laus

Lavendel

Lebedame (...intelligentes Wesen, die sich nie in einen armen
Schlucker verlieben könnte)

Lebenspartner (...ausdauernde Kreatur,
die vor nichts zurückschreckt)

Lebenskünstler (...genießt das Leben in vollen
Zügen, auch ohne Moneten)

Individuen ...

L

Individuen ...

L

Lebewesen

Leckermaul (...der liebt Süßes in jeglicher Form)

Legehenne

Leguan

Leichtgewicht (...die hat kein Gramm Fett zuviel)

Leithammel (...Oberhaupt der Familie)

Lemming

Leopard

Leseratte (...verschlingt meterweise Bücher)

Levkoje

Liane

Libelle

Liebhaber (...Kreatur die man lieb hat)

Liebchen (...die liebt man nur ein bißchen)

Liguster

Lilie

Lipizzaner

Lobelie

Lockvogel (...vorgeschobene, schillernde Kreatur)

Lotosblüte

Löwe

Löwenzahn

Lückenbüßer (... Trostpflaster, der für alles herhält)

Luder (...gerissenes, weibliches Individuum)

Luftikus (...liebt Küsse an der frischen Luft)

Luftschlange

Lupinie

Lurch

Lustobjekt (...üppige vielversprechende Verpackung mit wenig Inhalt)

Labyrinth-Spiel
Lachgas
Lachsack
Lack
Lackschuh
Laken
Lambswool-Pulli
Lammfell
Lampe
Lampion
Landkarte
Längenmaß
Langlaufski
Lappen
Laptop
Laserdrucker
Lasso
Latschen
Lattenrost
Lätzchen
Latzhose
Laubsäge
Läufer
Laufstall
Lautsprecher
Lavastein
LCD-Uhr
Lederball
Lederhandschuh

Tragbares ...

L

Tragbares ...

L

Lederjacke
Leggings
Lehmbatzen
Lehrbuch
Leibchen
Leim
Leinenhemd
Leiste
Leiter
Lesebrille
Lexikon
Lichtbild
Lichterkette
Lidschatten
Liebesbrief
Liebestöter
Likörglas
Lineal
Linkshänder-Utensilien
Lippenstift
Lockenwickler
Lodenmantel
Lokalzeitung
Lorbeerkranz
Löschblatt
Lötkolben
Lottoschein
Luftballon
Luftmatratze

Lachfalten (...einmal herzhaft zum Lachen bringen)

Lagerfeuer-Abend*

Lambada-Tanzkurs*

Landeshymne (...vorzutragen)

Landluftschnuppern*
(...für einen Ausflug auf eine Almwiese)

Langeweile (...vertreiben, durch eine gute Idee)

Lappalie (...eine nicht weltbewegende Kleinigkeit)

Lappland-Reise*

Larifari
(...irgendetwas, irgendwie, irgendwann für irgendwem)

Las Palmas-Reise*

Laster (etwas zur Unterstützung des ...)

Las Vegas-Heirat*

Latein-Unterricht*

Laternenpfahl (...einen Wink geben mit dem)

Laune (...für gute sorgen)

Lausbubenstreich (...aushecken)

Layout (...für denjenigen entwerfen, z.B. Briefpapier oder Visitenkarten, der Entwurf des Gutscheins ...)

Leasingauto*

Lebensaufgabe (...ein Heiratsantrag)

Lehnstuhl*

Leichtathletik-Training*

Leichtsinnigkeit (...ein Klaps aus den Allerwertesten)

Leidenschaft* (...kann erst so richtig gezeigt werden, wenn die Partygäste nach Hause gegangen sind)

Lernstoff*
(...auf Stoff geschriebenes Gedicht zum Auswendiglernen)

Leuchtfeuer* (Feuerwerk)

X-tras ...

L

X-tras ...

Liaison* (...Techtelmechtel mit dem der schenkt)

Liebenswürdigkeit (...ein nettes Kompliment machen)

Liebesabenteuer* (...Blind date)

Liebeserklärung
(...sofort kniend die Angebetete anhimmeln)

Liebesnacht* (...für eine heiße)

Lied (...vorsingen)

Limbo-Kurs*

Limerick*

Limousine*
(...einmal eine ausleihen und gefahren werden)

Livemusik (...als Alleinunterhalter auftreten)

Lokalbesuch*

Lokomotive* (Besichtigung im Eisenbahnmuseum)

Löwenmähne*
(...einmal beim Friseur eine stylen lassen)

Luftschloß* (...sich in Gedanken zusammen ausmalen,
welches Haus man baut)

Lungenzug* (...von einer Zigarette)

Luxusvilla* (Grundbuchurkunde nicht vergessen)

L

Lustige Lollies lecken lieber Luftballons ...

 **wie Mückenschiß ...**

Magerquark
Mais
Maiskolben
Maismehl
Mayonnaise
Majoran
Makkaroni
Makrele
Makrone
Makadamia Nüsse
Malzbonbon
Mandarine
Mandelkerne
Mango
Mangold
Maracuja
Margarine
Markklößchen
Marmelade
Marmorkuchen
Marschverpflegung
Marzipan
Mascarpone
Matjeshering
Meeresfrüchte
Meerrettich

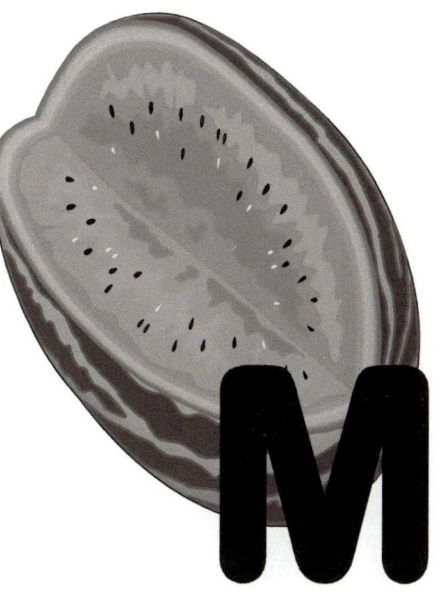

Zum Schnabulieren ...

Meersalz
Mehl
Melone
Mentholbonbon
Menü*
Mettwurst
Miesmuscheln
Milchschokolade
Mischbrot
Mittagessen*
Mixed Pickles
Mohnstrudel
Mohrenkopf
Mohrrübe
Mostrich
Mousse
Mozartkugeln
Mozzarella
Müesli
Muskatnuß
Muskattrauben

M

Madeirawein
Magenbitter
Magermilch
Maibowle
Malagawein
Malventee
Malzbier
Malzkaffee
Mandel-Likör
Maracuja-Saft
Maraschino-Likör
Mariellenschnaps
Marsalawein
Märzenbier
Mate Tee
Melange
Melissengeist
Milch
Milchmixgetränk
Milchkaffee
Mineralwasser
Mirabellenschnaps
Mocca
Moselwein
Most
Muckefuck
Müller-Thurgau Wein
Muntermacher
Muskatellerwein

Zum Wohle ...

M

Individuen ...

Macho
(... Individuum, das seine Männlichkeit mit Stolz vertritt)

Macker (...zweitrangige männliche Kreatur)

Made

Mafioso
(...immer mit Hut und südländischem Temperament)

Magnolie

Maikäfer

Maiglöckchen

Mamba

Manager (...hektischer Leithammel)

Mandelblüte

Mannsbild (...ein Bild von einem Mann)

Männertreu

Marabu

Marder

Margerite

Marionette

Martinsgans

Märzenbecher

Maskottchen

Mauerblümchen
(...weibliche Kreatur, die leicht übersehen wird)

Maulesel

Maulwurf

Maus

Meerjungfrau
(...Schwimmerin, die im Sternzeichen Jungfrau geboren ist)

Meerschweinchen

Meise

Menschenaffe
(...stark behaarte männliche Kreatur)

Micky Maus

Miesepeter (...macht böse Laune zu gutem Spiel)

Miezekatze

Milchbubi (...kein Barthaar trübt seine Oberlippe)

Mimose

Mistelzweig

Mistkäfer

Mitgiftjäger (...wenn die Kasse stimmt,
legt er aufs Äußere nicht viel Wert)

Möchtegerncasanova (...schüchterne Kreatur,
die schon beim Liebäugeln rot wird)

Mohnblume

Monster

Mops

Morgenmuffel (...dem begegnet man lieber erst am Abend)

Moskito

Motte

Möwe

Mücke

Mümmelmann

Murmeltier

Muskelprotz (...Muskeln sind seine größten Organe)

Muttersöhnchen (...Individuum mit Ödipuskomplex)

Individuen ...

Tragbares ...

Magazin
Magnesia
Magnet
Mahagonimöbel
Mahlzahn
Make-up
Malachitschmuck
Malbuch
Malfarbe
Malkasten
Malzeichen (auf ein Blatt Papier gemalt)
Manschettenknopf
Mantel
Märchenbuch
Marmeladeneimer
Marmeladenlöffel
Marmeladenglas
Marschmusik CD
Mascara
Maschendraht
Maske
Matchsack
Mathematikbuch
Matrosenanzug
Matrosenhut
Maulkorb
Maultrommel
Mau-Mau-Spiel
Mauritius (...die blaue Briefmarke)

Mäusefalle
Maxirock
Maxi-Single
Medaillon
Medikament
Medizinball
Megaphon
Meißel
Melkfett
Meßbecher
Messer
Metermaß
Metronom
Mieder
Mikado-Spiel
Mikrophon
Mikroskop
Mikrowellengeschirr
Mikrowellenherd
Milchzahn (...ausgefallener, schön verpackt)
Minirock
Mischpult
Mississippi-Wasser (...in Flaschen abgefüllt)
Mittwochs-Lottoschein
Mixer
Möbelstück
Mobiltelefon
Modejournal
Modeschmuck

Tragbares ...

M

Tragbares ...

Mokassins
Mokkatasse
Mokkalöffel
Mondstein
Monokel
Mörser
Mörtel
Mörtelkelle
Moschus-Parfüm
Mottenkugel
Mountainbike
Mückenschiß
(...als Dekoration eines weißen Blattes Papier)
Muff
Mühlespiel
Mülleimer
Mullwindel
Multimediacomputer
Multivitamin-Tabletten
Munddusche
Mundharmonika
Mundhygieneartikel
Münze
Murmel
Muschel
Musikinstrument
Mutter
Mütze

Madeira-Reise*
Magie-Show*
Mähdrescher
Mailand-Trip*
Mailing*
Makaberer Witz (...teuflisch gut vorgetragen)
Malediven-Urlaub*
Mallorca-Trip*
Maniküre*
Marathonlauf*
Markise
Marokko-Reise*
Marterpfahl (...nur für Liebhaber der Szene)
Maskenball*
Matratze
M+S-Reifen
Melodie (...gesungen, gespielt oder gepfiffen)
Mexico-Reise*
Miami-Badeurlaub*
Mimik (...kurz ein dummes Gesicht ziehen)
Minigolf*
Mittagsschlaf*
Mittelmeer-Reise*
Mittsommernacht*
Morgenkaffee*
Mofa
Molotowcocktail
Mondschein*
(...einmal im Mondschein spazieren gehen)

X-tras ...

124

X-tras ...

Mitternachts-Schmaus*
(... ein Häppchen um 24.00 Uhr)
Montagsauto*
(...ein Wunderwerk, das manchmal auch noch fährt)
Montagsmenü* (...Essen aus der Dose)
Moorbad*
Mordsnacht* (...keine Angst, es wird niemand
umgebracht, aber manchmal ist sterben auch nicht schöner)
Morgenlatte*
(...einmal früh morgens staunen über so viel Männlichkeit)
Morgengymnastik*
(...morgens früh um acht, wird schon 6 gemacht)
Moto-Cross-Fahrt*
Mundart-Gedicht* (...eigenschnäutzig dohergred)
Mund-zu-Mund-Beatmung* (...vortäuschen,
wenn man sonst nicht zu einem Kuss kommt)
Museumsbesuch*
Musestunde* (...Stunde voller Poesie und Zweisamkeit,
nämlich die Muse und Du)
Musical*
Musikalische Umrahmung* (...die auf der Feier)

M Muskelprotze machen müde Mücken munter ...

N

wie Nesthäkchen ...

Nachspeise
Nahrungsmittel
Napfkuchen
Nascherei
Nasigoreng
Natron
Neapolitanerschnitte
Negerkuß
Nektarine
Nockerl
Noisette-Schokolade
No-Name-Produkt
Nudeln
Nudelgericht
Nudelsalat
Nudelsuppe
Nugat
Nugatschokolade
Nürnberger Bratwürste
Nürnberger Lebkuchen
Nüsse
Nußschokolade
Nußkuchen
Nußriegel
Nuß-Nougat-Creme

Zum Wohle ...

Nachmittags-Kaffee
Nachmittags-Tee
Nachmittags-Getränk
Nationalgetränk
Nektarinensaft
Nullachtfünfzehn-Gesöff
Nußlikör
Nußmilch

N

Nachtfalter

Nachtigall

Nachtschwärmer (...der steht erst um 20.00 Uhr auf)

Nacktfrosch (...unbehaarte männliche Kreatur)

Nacktschnecke

Nagetier

Narzisse

Naschkatze (...weibliches Individuum, die nur Nachspeisen liebt)

Nashorn

Natter

Naturfreund (...liebt Bienen und Vögel.. im Kornfeld)

Nebelkrähe (...weibliche kurzsichtige Kreatur, die sich lautstark verständigt)

Nebenbuhler (...will nicht erkannt werden)

Neidhammel (...gönnt einem nicht mal den Popel in der Nase)

Nelke

Nerz

Nesthäkchen (...jüngstes Individuum einer Menschenfamilie)

Neufundländer

Neunmalkluger (...pinkelt immer daneben, denn er ist kürzer als er gedacht hatte)

Newcomer (...der Neue, der öfters kommt)

Nilpferd

Nikolaus (...süßes Naschwerk, dass man nur 1x im Jahr bekommt)

Nimmersatt (...egal wie oft, er kann immer noch)

Nixe (...die schwimmt sogar in Sekt)

Nymphensittich

Nymphomanin (...kein kostverächtendes weibliche Kreatur, die auch den letzten Tropfen genießt)

Individuen ...

N

Tragbares ...

Nabelbinde
Nachrichtenmagazin
Nachschlagewerk
Nachschlüssel
Nachthemd
Nachtmütze
Nachtkästchen
Nachttopf
Nackenhaar (...mit Pinzette zum Auszupfen)
Nadel
Nadelkissen
Nagel
Nagelbürste
Nagelfeile
Nagellack
Nähkästchen
Nähmaschine
Nähseide
Namensschild
Nappaledertasche
Nasenring
Nasentropfen
Naßrasierer
Nebelscheinwerfer
Neonröhre
Nerzmantel
Netzgerät
Netzhemd

Narrenkappe

Naturwunder (...einen Blick unter die Bluse gestatten)

Naturalien (...eine Samenspende)

Neppsachen

New-York-Skyline (...ein Foto davon)

Nichts

Nichtschwimmerbecken (...ein Eimer Wasser)

Nickelbrille

Nickipulli

Nikotinstengel

Niespulver

Nitroglyzerin

Nippel

Nonsens
(...absolut überflüssiges, wie z.B. die Geschenkefibel)

Normalbenzin (...in Reservekanister)

Norwegerjacke

Nostalgieschmuck

Notebook

Notenblatt

Notenständer

Notgroschen

Notizblock

Notrufnummer (...SOS-Anhänger)

Nuckel

Nummernschild

Nylonstrümpfe

Tragbares ...

Nachhilfe-Unterricht*
Nachspiel* (...einmal nicht einschlafen danach)
Nächstenliebe* (...auch den mißglückten Geburtstagskuchen zu loben)
Nachtwanderung*
Nacktbaden*
Nebenjob*
Nepalreise*
Nepplokal*
Nervenkitzel* (...das Geschenk bis zum Schluß der Feier nicht auspacken lassen)
Neuanfang* (... mit dem Ex sich nochmal einlassen)
Neuguinea-Trip*
Neuseeland-Reise*
Neuwagen (...den Fahrzeugbrief nicht vergessen)
Niagara-Fälle*
Nickerchen*
(...für 10 Minuten gönnen, bevor die Party steigt)
Niederlande-Urlaub*
Nightclub-Trip*
Nobelhobel* (...das Prunkstück unter den Karossen)
Nordamerika-Reise*
Nordkap-Trip*
Norwegen-Urlaub*
Nummer* (...eine heiße oder zwei oder ...)

N

Nackte Nashörner nießen niemals nicht ...

O wie Ohrwurm ...

Obatzter
Oblate
Obst
Obstkuchen
Obstsalat
Ochsenmaulsalat
Ochsenschwanz-Suppe
Olive
Omelette
Orange
Orangeat
Orangen-Konfitüre
Oregano
Osterei

... ausnahmsweise auf dieser Seite ...

Obstessig
Obstler
Obstsaft
Obstwein
Öl
Olivenöl
Orangensaft
Orangen-Likör
Ouzo

Ochsenfrosch

Ohrwurm
(...Melodie, die einem nicht mehr aus dem Kopf geht)

Oleander

Ölscheich (...der hat soviel Öl, dass er es verkauft, z.B. Tankstellenbesitzer o.ä.)

Opossum

Opportunist
(...wenn etwas für ihn rausspringt, ist er sofort dabei)

Optimist (...der findet sogar an einem schwarzen Schaf ein graues Haar)

Orang-Utan

Orchidee

Organisationstalent (...bringt alles unter Dach und Fach obwohl es andere für ihn tun))

Orientalin (...bei der gibt's 1000 und 1 Nacht)

Ossi (...gutmütiges Individuum, der auch einen Wink mit dem Mauerpfahl verträgt)

Osterhase (...nur mit Salz kommt er zum Stehen und dann nur 1 x im Jahr)

Österreicher (...dümmliche Kreatur, die vor lauter Bäume den Wald nicht sieht)

Otter

Outsider
(...der wechselt seine Unterhosen nur 1 x im Jahr)

Ozelot

Oberbekleidung
Ofenrohr
Ofen
Ohrenschmalz (...in kleinem Schmalztöpfen)
Ohrenschmaus (...gut klingende Musik-CD)
Ohrenschützer
Ohrring
Ölbild
Oldie-CD
Ölfarbe
Ölfleck (...auf sauberes Stofftaschentuch präsentiert)
Öllampe
Ölsardinenbüchse
Onyx-Schmuck
Opal-Ring
Operettenmusik-CD
Opernglas
Orakelspruch (...auf einem Blatt Papier)
Orden
Orgel
Orientierungshilfe (...Landkarte)
Orientteppich
Original Horoskop mit Erklärung**
Originelles Buch
(...die wahnwitzige megastarke Geschenkefibel)
Outfit
Overall
Overheadprojektor
Ovulationshemmer

Tragbares ...

O

Oben-ohne-Lokalausflug*
Oberbayern-Trip*
Offroadfahrzeug*
Ökoladenbummel*
(...bitte Gutschein auf Umweltpapier in Juteumschlag)
Oktoberfest-Besuch*
Oldtimer*
Olympbesuch*
Omnibusfahrt*
Onestep-Tanzkurs*
Open-Air-Festival*
Opernball*
Opium (...das Parfüm mit dem Namen geht auch)
Orgasmus* (...an einem aufregenden Ort)
Orgie* (...feiern bis zum abwinken)
Orientexpressfahrt*
Ortswechsel* (...in die nächste Ortschaft fahren)
Osterinsel-Trip*
Ostsee-Urlaub*
Ottomane
Ouvertüre (...sofort vorzuspielen)
Ozean-Reise*
Oxygen (...verpackt - ein aufgeblasener Luftballon)

O Ob Ochsenfrösche
Österreicher operieren?...

P

wie Purzelbaum ...

Paella
Palatschinken
Pampelmuse
Paniermehl
Papaya
Paprika
Paprikaschnitzel
Paradiesapfel
Paranuß
Parfait
Parmesankäse
Pasta
Pastete
Pausenbrot
Peanuts
Pellkartoffeln
Peperoni
Perlzwiebeln
Persipan
Petersilie
Petits Fours
Pfannkuchen
Pfeffer
Pfefferkuchen
Pfeffersteak
Pfefferminzbonbon

Zum Schnabulieren ...

Pfefferoni
Pfifferlinge
Pfirsich
Pfirsichmarmelade
Pflaume
Pflaumenkuchen
Pflaumenmus
Pichelsteiner Eintopf
Pilze
Pistazien
Pizza
Plockwurst
Plumpudding
Plundergebäck
Pökelfleisch
Polenta
Pommes frites
Popcorn
Porree
Poularde
Pralinen
Preiselbeeren
Puderzucker
Pumpernickel
Püree
Putenschnitzel
Putenwurst

P

Pasteurisierte Milch
Pepsinwein
Perlwein
Pfälzer Wein
Pfefferminz-Tee
Pfefferminz-Likör
Pfirsichbowle
Pfirsichsaft
Pflaumenschnaps
Piccolo
Pils
Pilsener
Portugieser Weißherbst
Portwein
Premiumgetränk
Prädikatswein
Prosecco
Privatkaffee
Pulverkaffee
Pulverkakao
Pulvertee
Punsch

Zum Wohle ...

Individuen ...

Packesel
(...trägt gerne volle Einkaufstüten von anderen)

Palme

Palmkätzchen

Pampasgras

Panther

Pantoffelheld (...der meint, wenn er Pantoffeln anhat, steht er nicht unterm ...)

Papagei

Pappel

Pappenheimer (...ein verwandtes Individuum)

Paradiesvogel (...weibliche Kreatur, die keiner Worte bedarf - Kleidung schreit von allein)

Parasit (...schmarotzt sich so durch und raucht die Marke >Vondieanderen<)

Partie (...gute - nicht unvermögende Kreatur)

Partylöwe (...laut schnurrender Schmusekater, den man vor allem auf Geselligkeiten findet)

Pascha (...der braucht sogar jemand zum Halten auf der Toilette)

Pauker
(...versucht die Intelligenz in Löffeln zu verabreichen)

Pavian

Pekinese

Pelikan

Perfektionist
(...der hat für alle Fälle immer einen Gummi dabei)

Perserkatze

Pessimist
(...würde niemals eine rosarote Brille aufsetzen)

Petunie

P

Pfadfinder (...findet immer einen Weg)

Pfennigfuchser (...der dreht jeden Pfennig 5x um)

Pferd

Pfingstrose

Pfundskerl
(...männliche Kreatur mit englischer Abstammung)

Philosoph (...wenn blühen tut der Seidelbast,
zerreißt es ihn den .... fast)

Phlegmatikus (...überläßt die Sorgen anderen)

Phlox

Piepmatz

Pinguin

Pinie

Pin-up-Girl
(...Augenschmaus, welches im Kleiderschrank wohnt)

Planierraupe

Plappermaul (...der ist selbst sein bester Zuhörer)

Plattfußindianer (...hook, sind auch die Füße platt,
findet die Party trotzdem statt)

Playboy (...spielt gerne mit süßen Hasen)

Pony

Prachtweib (...ein Wunderwerk der Natur oder Medizin)

Primel

Privatsekretärin (... Schriftverkehr ist eines was sie beherrscht)

Pudel

Punker (...sticht sofort echt cool ins Auge)

Pusteblume

Putzteufel
(...Fetischistin, die auf Waschlappen abfährt)

Tragbares ...

Päckchen
Packpapier
Pailletten
Palisade
Palmwedel
Panflöte
Panzerglas
Papier
Papiergeld
Papierkorb
Papierschnipsel (...gut arrangiert)
Papier-Taschentuch
Papillote
Pappdeckel
Pappbecher
Pappteller
Paradekissen
Parrafinöl
Pareo
Parfüm
Parfümflakon
Parka
Parkscheibe
Paßbild
Patchworkdecke
Patronenhülse
Patschuliöl
Paukenschlegel
Pauspapier

P

Peitsche
Pelzmantel
Pendel
Pendeluhr
Pergamentpapier
Perkussion-Instrument
Perle
Perlenkette
Perlmuttknopf
Perlonstrümpfe
Perserteppich
Perücke
Pessar
Petroleum
Petroleumlampe
Pfandflasche
Pfanne
Pfeife
Pfeifentabak
Pflaster
Phallussymbol
Phantasiebild
Picasso (...echt oder selbstgekritzelt)
Pickelcreme
Pikkoloflöte
Pille
Pinkepinke
Pinnwand
Pinsel

Tragbares ...

P

Pinzette
Pistole
Plantschbecken
Plastiktüte
Platzdeckchen
Platzpatrone
Plexiglas
Plisseerock
Pocketkamera
Pokal
Polierwachs
Polierwatte
Polohemd
Pomade
Poncho
Popel (...schön verpackt)
Popmusik-CD
Pornofilm
Portemonnaie
Porzellanteller
Posaune
Postkarte
Postleitzahlenbuch
Potenzmittel
Präsent
Präsentkorb
Präservativ
Preisschild (...auf dem Geschenk lassen)
Pre shave Lotion

Paddelboot
Parabolantenne
Panzerfaust
PenCam
Personalcomputer
Perpetuum mobile
Pingpong-Ball
Pingpong-Platte
Piano
Polstermöbel
Poolbillard-Tisch
Prospekt
Psychothriller (...Film oder Buch)
Pudelmütze
Puder
Pullover
Pumphose
Punchingball
Puppe
Puppenhaus
Puppenwagen
Puzzlespiel
Putzlappen

X-tras ...

Pagenkopf-Frisur*
Palast
Pannenkurs*
Panoptikum-Besuch*
Paris-Fahrt*
Parodie (...selbstausgedachte, vorzuführen)
Partnertausch (...nur für Liebhaber)
Party*
Patentlösung
(...vorführen, wie ein Streichholz funktioniert)
Patschhändedruck (...der bei der Begrüßung)
Pediküre*
Peepshow*
Penthaus*
PKW
Perversion (...einen Ketten-Raucher zu einem
Nichtraucher-Urlaub in die USA einladen)
Philippinen-Reise*
Picknick*
Polterabend*
Popkonzert*
Portugal-Reise*
Purzelbaum (...augenblicklich zu schlagen)

P Pinkfarbene Pfeifen
putzen prima Parasiten ...

Q

wie Quakfrosch ...

Quark
Quarkkuchen
Quarkstrudel
Quarkspeise
Quetschkartoffeln
Quiche
Quitten
Quittenmus
Quittenmarmelade
Quittengelee

... ausnahmsweise auf dieser Seite ...

Zum Wohle ...

Qualitätsgetränk
Qualitätswein
Qualitätsbier
Quellwasser
Quintessenz (...eine nicht
Unwesentliche Flüssigkeit)

Quälgeist (...der frägt einem Löcher in den Bauch)

Qualle

Quartalsäufer (...armer Schlucker)

Quasseltante (...die erkennt man am Lippenstift,
der die Fusseln überdecken soll)

Quatschkopf (...der hat nur Unfug im Sinn)

Quecke

Querdenker (...der denkt auf Umwegen,
warum einfach, wenn es auch schwierig geht?)

Quarzsand

Quarzuhr

Quartett-Spielkarten

Quasselstrippe (...Apparat zur Telekommunikation)

Quaste

Quecksilber

Querflöte

Quetschkommode

Quirl

Quittung (...vom Geschenk,
zum Absetzen als außergewöhnliche Belastung)

Quiz-Spiel

Quäntchen Glück
(... einen Glückspfennig oder 4-blättriges Kleeblatt)

Querfeldein-Rennen*

Quickstepp-Kurs*

Q Quecksilber quirlt Quallen quasi quer ...

R

wie Rohrspatz ...

Raclettekäse
Radicchio
Radieschen
Raffinade
Ragout fin
Rahm
Rahmkäse
Rapunzelsalat
Ratatouille
Räucheraal
Räucherlachs
Räucherspeck
Räucherschinken
Ravioli
Regensburger
Rehbraten
Reis
Remoulade
Rettich
Reisauflauf
Rhabarber
Rhabarberkuchen
Rhabarbermarmelade
Rindfleisch
Rinderbraten
Rippchen

Zum Schnabulieren …

Risotto
Roastbeef
Rodonkuchen
Roggenbrot
Roggenmehl
Rohkost
Rollmops
Roquefortkäse
Rosenkohl
Rosenpaprika
Rosinen
Rosinenbrötchen
Rosinenzopf
Rosmarin
Rostbratwurst
Rösti
Rote-Beete-Salat
Rotwurst
Roulade
Rumkugel
Rumpsteak

R

Rachenputzer
Radlermaß
Raki
Rasierwasser
Rauchbier
Rebensaft
Regenwasser (...in Flaschen)
Reisschnaps
Reismilch
Reiswein
Rheinwein
Riesling
Roséwein
Rotwein
Rum
Rumtopf

Zum Wohle ...

R

Rabe
Radfahrer (...tritt in die Pedale und nie daneben)
Raucher (...braucht immer was zwischen die Finger)
Rappe
Raps
Rassehund
Ratte
Raubfisch
Rauhaardackel
Raupe
Rauschgoldengel (...blondgelockte, süße Kreatur)
Realist (...ein Rechtsverdreher)
Rebhuhn
Regenwurm
Rehkitz
Rentier
Rhesusaffe
(...männliche Kreatur mit Rhesusfaktor positiv)
Rhododendron
Riesenrindviech (...der macht alles was man will)
Ringelblume
Ringelnatter
Rockerbraut
(...heißer Ofen, der 1x in der Woche poliert wird)
Rohrspatz (...lautstarkes Lästermaul)
Romantiker (...der liebt rosarot geblümte Bettwäsche)
Rose
Rothaarige (...feuriges Weibsstück)
Rottweiler
Rüsselkäfer (...weibliches Individuum mit großer Nase)

Individuen ...

Rad
Radlerhose
Radiator
Radiergummi
Radierung
Radio
Radkappe
Ramsch
Ranzen
Rap-CD
Rasenmäher
Rasensamen
Rasensprenger
Rasierapparat
Rasiercreme
Rasierpinsel
Ratespiel
Rätselzeitschrift
Rattanregal
Rattengift
Ratzefummel
Räucherstäbchen
Räucherkerze
Rauchwaren
Raufasertapete
Reagenzglas
Receiver
Rechen
Rechenheft

Tragbares ...

R

Rechtschreibebuch
Recyclingpapier
Regal
Regencape
Regenmantel
Regenschirm
Reggae-Musik-CD
Reinigungsmittel
Reinigungsschwamm
Reiseprospekt
Reisetasche
Reisegeld
Reißnagel
Reißverschluß
Reitstiefel
Reizwäsche für Sie
Reizwäsche für Ihn
Reklameschild
Relativitätstheorie (...aufgeschrieben)
Reservekanister
Rezeptbuch
Revolverblatt
Rheumadecke
Rhythmus-Instrument
Riechsalz
Rigipsplatte
Ring
Ringelsocken
Rizinusöl

Rakete
Rarität
Rennauto (...Modell davon)
Rikscha
Ritterrüstung
Roulette-Spiel
Roboter
Rock
Rockmusik-CD
Rodelschlitten
Rohrzange
Rollerskates
Roller
Rollkragenpulli
Roman
Römerglas
Römertopf
Rommékarten
Rosenquarz-Anhänger
Rostschutzmittel
Rotzfahne (...großes Stoff-Taschentuch)
Rouge
Rückansichtsfoto (...von einem knackigen Po)
Rucksack
Rührlöffel
Rührmaschine
Rundstricknadel
Rüschenbluse
Ruß (...dekorativ verpackt)

Tragbares ...

Rabatz* (...für ausgelassene Stimmung sorgen)

Radtour*

Ratschlag (...einen guten .... geben)

Rauchzeichen (...Ringe blasen mit der Zigarette)

Rausch (...auf diesem Fest denjenigen abfüllen)

Reeperbahn-Trip*

Regensburger Domspatzen*
(... ein Augen- und Ohrenschmaus)

Reichtum* (...sein Herz verschenken)

Reifendruckmessen*

Rendez-vous*
(...ein heimliches Treffen mit dem Herzblatt)

Restaurantessen*

Riesendummheit (...ihr/ihm einen Fehltritt verzeihen)

Rio de Janeiro-Reise*

Rock´n Roll-Kurs*

Romanze*
(...herzerfüllende Liaison die trotzdem auf das eine hinauswill)

Ruhepause* (...dem Geburtstagskind gönnen, und den
Abwasch von der Party alleine erledigen)

Rülpser (...auf Kommando loszulassen)

Rummelplatzbesuch*

Rundreise*

Rutschpartie* (...ist leider nur bei Schnee mit dem Auto
oder einem Schlitten möglich)

R Rosarote Regenwürmer
reparieren Rasenmäher ...

S wie Seifenkiste ...

Zum Schnabulieren ...

Sachertorte
Safran
Sago
Sahne
Sahnebonbon
Sahnemeerrettich
Sahnetorte
Salami
Salat
Salbei
Salz
Salzbrezel
Salzburger Nockerln
Salzgurke
Salzhering
Sandkuchen
Sandwich
Sardellen
Sardinen
Sauerkirschen
Sauerkraut
Sauerrahm
Scampi
Sellerie
Selbstgebackenes
Semmelbrösel

Semmelknödel
Senf
Sesambrot
Soleier
Sojabohnen
Soßenpulver
Spaghetti
Spargel
Spätzle
Speisefett
Spekulatius
Spiegelei
Stachelbeeren
Stangenweißbrot
Stärkemehl
Steak
Steinobst
Steinpilz
Stollen
Streichwurst
Streuselkuchen
Studentenfutter
Südfrüchte
Sultaninen
Sulze
Suppe
Suppenwürfel
Süßigkeit
Süßstoff

Saft
Sake
Salatöl
Salbeitee
Salmiakgeist
Samos-Wein
Sangria
Sangrita
Sechserpack Bier
Sekt
Selterswasser
Shake
Silvaner
Sirup
Slibowitz
Soda
Sojamilch
Sorbet
Sorgenbrecher (...ein Flachmann)
Spätlesewein
Spezi
Spirituosen
Sprudel
Starkbier

Zum Wohle ...

S

Sadist
(...mit Freude gewöhnt der einem das Rauchen ab)

Salamander

Samtpfötchen (...eine kleine Miezekatze)

Sandmännchen
(...der hat noch Sand in den Schuhen aus Hawaii)

Sanftmütige (...stille Wasser sind tief)

Sanguiniker (...der ist für jeden Spaß zu haben)

Sarkast (...hat man sich an dieser Kreatur die Zähne
ausgebissen, bekommt man als Geschenk Gebißreiniger)

Satansbraten
(...ein Wolf im Schafspelz, der es teuflisch gut macht)

Sauerampfer

Saurier

Sausewind
(...rennende Kreatur, mit Konfirmandenblase)

Seehund

Seepferdchen

Seerose

Seidelbast

Senkrechtstarter (...junges potentes Individuum,
dessen Männlichkeit der denkende Teil ist)

Sexbombe (...weibliche Kreatur für Bergkameraden,
bei der es einem vom Hingucken schon schwindelig wird)

Siamkatze

Single

Singvogel

Skandalnudel (...die sorgt immer für Gerede)

Skarabäus

Skorpion

Softie (...der Romeo im 21. Jahrhundert)

Sonnenblume

Sonnyboy (...schlechte Laune ist für ihn ein Fremdwort)

Spaßvogel (...Humor ist, wenn man trotzdem lacht)

Spatz

Spinatwachtel
(...nicht mehr ganz knuspriges weibliches Individuum)

Spinne

Spitzmaus

Sportskanone (...der verpaßt nie die Sportschau)

Stachelschwein

Stallhase

Stammhalter
(...der bleibt immer bis zuletzt, um den Stamm zu halten)

Stammtischpolitiker
(...der hat zu Hause nichts zu sagen)

Stechmücke

Stechpalme

Steinnelke

Stiefmütterchen

Stimmungskanone
(...witzige Kreatur, bei der kein Auge trocken bleibt)

Stofftier

Strichmännchen (...auf ein Blatt Papier gezeichnet)

Strohblume

Stubenhocker
(...Kalender rot ankreuzen, wenn der auf der Party auftauchen sollte)

Sumpfdotterblume

Sündenbock (...der ist eine Sünde wert)

Supermann (...Mega-Adonis - Traum aller Frauen)

Süßholzraspler
(...der schmiert einem nicht nur Honig ums Maul)

Individuen ...

S

Tragbares ...

S

Sabberlatz
Säbel
Sachbuch
Sack
Saftpresse
Säge
Sägemehl (...in den Karton gestreut)
Saite
Saiteninstrument
Sakko
Salatbesteck
Salatschüssel
Salbe
Salzstreuer
Sammelalbum
Samowar
Samtband
Sand (...verpackt vom letzten Urlaub)
Sandalette
Sandelöl
Sandförmchen
Sandkasten
Sandsack
Sanduhr
Sargnagel (...eine Zigarette)
Satellitenschüssel
Satinbettwäsche
Sattel
Sauerstoff-Flasche

Saxophon
Scanner
Sciencefiction-Roman
Scrabble-Spiel
Seidentuch
Seife
Seifenblasen
Seil
Sektkelch
Sektkübel
Sepiaschale
Seppelhut
Serviette
Serviettenring
Setzkasten
Shampoo
Shareware
Shirt
Shorts
Sicherheitsnadel
Sieb
Silbenrätsel
Silberbesteck
Silberdraht
Silbergeld
Silberschmuck
Skateboard
Skelett
Ski

Tragbares ...

S

Tragbares ...

S

Skianzug
Skizze
Slip
Smoking
Snowboard
Socken
Sofakissen
Softrock-CD
Software
Solaruhr
Solarrechner
Sombrero
Sommerkleidung
Sonnenbrille
Sonnencreme
Spachtel
Spannbettuch
Spanschachtel
Sparbüchse
Spazierstock
Speisekarte
Spiegel
Spielzeug
Spiralfeder
Spitzbohrer
Spitzer
Sportdress
Spray
Sprengstoff

Springbrunnen
Spülmaschine
Spülmittel
Stacheldraht
Stahlroß
Stamperl
Standuhr
Stanniolpapier
Staubsauger
Staubwedel
Stecker
Stecknadel
Stehleiter
Stempel
Stempelkissen
Steppdecke
Stereoanlage
Sternzeichen-Buch
Sternzeichen-Anhänger
Stiefel
Stift
Stinkbombe
Stirnband
Stöckelschuh
Stopfnadel
Stoppuhr
Stöpsel
Stövchen
Strampelanzug

Tragbares ...

S

Tragbares ...

Strandhut
Strandkleid
Strandkorb
Straps
Strauß Blumen
Streichholz
Streichholzschachtel
Streichinstrument
Strickjacke
Stricknadel
Strickpullover
Strohhalm
Stromkabel
Strumpf
Strumpfband
Stubenwagen
Stuhl
Stundenplan
Surfbrett
Sweatshirt

S

Safari*

Safer Sex* (...für Latex-Fetischisten)

Saftladenbesuch*
(...für einen Einkauf im Getränkemarkt)

Sahara-Trip*

Salto (...unverzüglich vorzuführen)

San Francisco-Fahrt*

Säuberungsaktion*
(...einmal den Hausputz übernehmen)

Saufgelage*
(Gutschein für eine Einladung zu einem ...)

Seefahrt*

Seelenmassage*
(...den Kummer von der Seele reden lassen)

Segelboot

Sehenswürdigkeit*
(...Besichtigung einer nackten Tatsache der Kreatur die schenkt)

Seitensprung*
(...einen Sprungschritt zusammen zur linken oder rechten Seite)

Sektfrühstück* (...Gutschein für ein ... mit allen Schikanen)

Serenade (...auf der Feier vorzuspielen)

Shakehands (...der Begrüßungshandschlag)

Shopping*

Silvesterball*

Sinfoniekonzert*

Sinnesrausch*
(...alle Sinne beraubendes individuelles Abenteuer)

Skat-Abend*

Small Talk
(...der Glückwunsch der ausgesprochen wurde)

Sommernacht*
(...für eine unvergeßliche Nacht im Sommer zu zweit)

X-tras ...

X-tras ...

Solarium-Karte*
SSV-Einkaufsbummel*
Sommerurlaub*
Sonnwendfeier*
Spaziergang*(...zu zweit nach irgendwo)
Spielkasino-Abend*
Squashmatch*(...Einladung zu einem)
Ski Lanka-Urlaub*
Stadtbummel* (...an einem Sonntag)
Standard-Tanzkurs*
Stelldichein*
(...Einladung zu einem gemütlichen Beisammensein)
Stradivari (...nur eine Echte ist ein X-tra)
Straßencafé-Treffen*
Streicheleinheit* (...einmal übers Haar streichen)
Stripteaselokal-Besuch*
Südafrika-Reise*
Sympathie-Erklärung* (...individuell zu kreieren,
der Phantasie sind keine Grenzen gesetzt)

S Sechsundsechzig Spürnasen signalisieren sehr Subtiles ...

Sch wie Scherz ...

Schafskäse
Schaschlik
Schattenmorelle
Schäufele
Schaumbaiser
Schillerlocke
Schinken
Schlangengurke
Schleckerei
Schmalz
Schmalzgebäck
Schmankerl
Schmelzkäse
Schnittbrot
Schnittlauch
Schnitzel
Schokolade
Schwammerl
Schwarzbeere
Schwarzbrot
Schwarzwälder
   -Kirschtorte
Schwarzwurzel
Schweinebraten
Schweinsohr
Schweizer Käse

Zum Schnabulieren ...

Sch

Schampus
Schaumwein
Schlehenlikör
Schlehenwein
Schlummertrunk
Schnaps
Schokoladentrunk
Schoppen Wein
Schorle
Schwedenpunsch
Schwarzer Tee
Schwarzwälder Kirschwasser

Sch

Schaf

Schafgarbe

Schattenspender
(...vollschlankes Individuum, das Schatten spendet)

Schätzchen (...Kreatur, die man lieb hat)

Schaumschläger
(... warme Luft ist alles was man vom dem erwarten kann)

Schildkröte

Schilfgras

Schimpanse

Schlafmütze (...dem kann man die Schuhbändel
unterm Laufen zubinden, ohne dass er es merkt)

Schlange

Schlaumeier (...ein wandelndes Lexikon)

Schlawiner (...der hat an jedem Finger zehn Frauen)

Schleierkraut

Schlingpflanze

Schlitzohr
(...mit allen Wassern gewaschener ausgekochter Geschäftsmann)

Schlüsselblume

Schmetterling

Schmusekätzchen
(...liebesbedürftiges weibliches Individuum)

Schnecke

Schnittblume

Schnuckiputz (...leckeres Herzblatt)

Schönling (...fast zu schön für nur eine Frau)

Schulfreund

Schürzenjäger
(...ob blond, ob braun, der liebt alle Frau´n)

Schwertlilie

Individuen ...

Sch

Schablone
Schachspiel
Schachtel
Schädlingsbekämpfungsmittel
Schafkopfkarten
Schal
Schale
Schaltknüppel
Schamhaar (...auf Seide drapiert)
Scharnier
Schatulle
Schaufel
Schaukel
Schaumbad
Schaumgummi
Scheibenwischer
Scheinwerfer
Schemel
Scherbe (...in Klarsichtbox kunstvoll arrangiert)
Schere
Scheuerlappen
Schiefertafel
Schießeisen
Schifferklavier
Schirm
Schlagbohrmaschine
Schlaginstrument
Schlapphut

Schleife (...die ums Geschenk)
Schlips
Schlittschuh
Schlüpfer
Schlüssel
Schmalzler
Schminke
Schmirgelpapier
Schmuck
Schneebesen
Schnellkochtopf
Schnickschnack (...irgendetwas Neckisches)
Schnorchel
Schnupftuch
Schnürsenkel
Schraube
Schraubenzieher
Schreibmaschine
Schrubber
Schubkarre
Schuh
Schuhcreme
Schulranzen
Schürze
Schüssel
Schwamm
Schweißtropfen (...zu Eis gefroren)
Schwimmflossen
Schwimmreifen

Tragbares ...

Sch

Schabernack (...sich einen Scherz erlauben)

Schachpartie*

Schäferstündchen* (...für eine Stunde Mittagsschlaf)

Schattenbild* (...an die Wand projezieren)

Schaufensterbummel*

Scherzfrage (...demjenigen stellen)

Schüttelscheck* (...ungedeckter, weil der Bankbeamte zwecks der Auszahlung lediglich mit dem Kopf schüttelt)

Schiff-Fahrt*

Schlemmer-Diner*

Schmatz (...sofort und feucht zu vollbringen)

Schnaderhüpferl (...ein bayerisches Liedla vortagen)

Schnappschuß (...beim Lesen der Glückwunschkarte das dumme Gesicht fotografieren)

Schnapsidee (...die buchstäblich treffende Geschenkidee unsere Geschenkefibel)

Schönheitsfarm*

Schriftverkehr* (...die einzige Art von Sex, die keines Verhütungsmittels bedarf)

Schuhplattlerkurs*

Schwedenreise*

Schweiz-Urlaub*

Schwimmbadbesuch*

Schwindelgefühl* (...ein unendlich dauernder inniger Kuss, der einem den Atem raubt)

Sch Schwarzer Schmalzler schmeckt schön scharf ...

T

wie Tintenklecks ...

Tabasco
Tafelspitz
Tagliatelle
Tatar
T-Bone-Steak
Teewurst
Thunfisch
Thymian
Tilsiter
Tintenfischringe
Tiramisu
Toastbrot
Toffee
Tofu
Tomate
Tomatenketchup
Topfen
Topfenkuchen
Torte
Tortellini
Tortenguß
Trappistenkäse
Trauben
Traubenzucker
Trüffel
Trüffelleberwurst

Zum Wohle ...

Tafelwasser
Tafelwein
Tee
Tequila
Tokaier
Tomatensaft
Tonicwater
Tonikum
Traminer
Traubensaft
Trinkmilch
Trinkwasser
Trollinger
Trübes Bier (...Hefeweizen)

T

Tagetes
Tanne
Tatzelwurm (...sagenumwobene kriechende Kreatur)
Täubchen
Tausendfüßler
Tausendsassa
(...ein überall brauchbares Individuum)
Teddybär
Teerose
Termite
Terrier
Teufelsweib
(...bei der hört jeder die Glocken klingen)
Thuja
Tiger
Tigerlilie
Tolpatsch (...tritt immer ins Fettnäpfchen)
Topfpflanze
Trauerkloß
(...seine Batterie ist leer, braucht dringend neuen Zündstoff)
Traumfrau (...weibliche Kreatur, die wegen Ihrer Rarität nur
Liebhaber erstanden haben)
Traummann
(...der kommt backfrisch von dem, der ihn kreiert hat)
Trendsetter (...Kreatur, die den letzten Schrei hervorbringt)
Trockenblumen
Trompetenbaum
Tropenpflanze
Truthahn
Tukan
Tulpe

Individuen ...

T

Tragbares ...

T

Tabak
Tabaksbeutel
Tabakspfeife
Tablett
Tablettendöschen
Tacker
Tafelbesteck
Tafelgeschirr
Tagebuch
Tageszeitung
Talisman
Tamburin
Tampon
Tandem
Tangaslip
Tannenzapfen
Tape
Tapete
Tapetenkleister
Tarockspiel
Tarotkarten
Tasche
Taschenbuch
Taschengeld
Taschenkalender
Taschenlampe
Taschenrechner
Taschentuch
Tasteninstrument

Taucheranzug
Taucherbrille
Taucherflasche
Taucherflossen
Techno-CD
Tee-Ei
Teeglas
Teekanne
Teelicht
Teewagen
Teflonpfanne
Telefax
Telefon
Telefonbuch
Telefonkarte
Teleskop
Telespiel
TV-Gerät
TV-Zeitung
Teller
Tennisschläger
Tennisball
Teppichklopfer
Terpentin
Terrakotta-Figur
Terrakotta-Kübel
Terrakotta-Vase
Thermometer
Thermosflasche

Tragbares ...

T

Tragbares ...

Thriller (...auf Video oder als Buch)
Tiefkühlschrank
Tierkreiszeichen-Buch
Tiffanylampe
Tinte
Tintenklecks (...als Dekoration eines Blattes Papier)
Tischdecke
Tischtennisball
Tischtennisschläger
Toaster
Todschicker Fummel
Toilettenpapier
Toilettenbürste
Tomahawk
Toner
Tonträger
Tönung
Topf
Topflappen
Torfmull (...in einer kleinen Schachtel)
Tortenschaufel
Toto-Wettschein
Toupet
Trachtenanzug
Trainingsanzug
Trampolin
Tranchiermesser
Transistorradio
Transparentpapier

T

Trauring
Treibstoff (...in Benzinkanister o.ä.)
Trekkingrad
Trenchcoat
Tresor
Tretauto
Triangel
Trichter
Trickfilm
Trillerpfeife
Trinkbecher
Trinkhalm
Trittleiter
Trockenhaube
Trockenrasierer
Trockner
Trommel
Trommelschlegel
Trompete
Tropenhelm
Trostpflaster (...etwas kleines, das den Kummer
vertreibt, individuell auf die Person abgestimmt)
Türklinke
Turnschuhe
Türschild
Tüte
Twinset

Tragbares ...

T

Taekwondo-Kurs*
Tagesausflug*
Tahiti-Reise*
Tango-Tanzkurs*
Tanzbein schwingen (...zusammen auf dieser Party)
Tausendundeine Nacht*
(...mit dem Herzblatt - das Mitzählen aber nicht vergessen)
Taxifahrt*
Techtelmechtel
(...altmodische Form von jemand voll anbaggern)
Telefonsex* (...keine Ansteckungsgefahr mit ....)
Teneriffa-Urlaub*
Tennismatch*
Thailand-Reise*
Theaterabo*
Tierparkbesuch*
Traumauto (...in Natura oder als Modell)
Travestie Show*
Trink-Spruch (...für die Gelegenheit vortragen)
Tropfsteinhöhlen-Tour*
Tuchfühlung* (...Liebkosungen bei ausgeschaltetem
Licht mit der Wunschkreatur)
Tunesien-Reise*
Türkei-Urlaub*

T Trinken Tausendfüßler treulosen Tomatensaft? ...

U

wie Unikum ...

Überbackenes Gemüse
Überbackene Kartoffeln
Überbackene Nudeln
Überbackenes Fleisch
Ungarischer Paprika
Ungarisches Gulasch
Ungarische Salami
Ungiftige Pilze
Urprodukt

Zum Schnabulieren ...

... ausnahmsweise auf dieser Seite ...

Zum Wohle ...

Ungarischer
Wein
Urquell-
Wasser
Urquell-
Bier
Urkorn
Urlaubs-
Bier
Urlaubs-
Wein

Ueberbringer (...des Geschenkes)

Ueberflieger (...hochintelligente Kreatur)

Uebermütige (...die ist immer voll in Aktion)

Ulknudel
(...weibliches Individuum, das jeden Spaß mit macht)

Ulme

Ungeheuer (...evtl. aus Plüsch o.ä.)

Unglücksrabe
(...der steht immer mit dem linken Bein zuerst auf)

Uhu

Unikum (...sonderbares Einzelexemplar)

Unke

Unkraut

Unschuldslamm
(...friedliche Kreatur, die keiner Fliege was zuleide tut)

Untermieter

Untergrundkämpfer
(...der kämpft sich unterhalb der Gürtellinie durch)

Unzähmbare
(...bei der gibt sogar die Zahnbürste nach)

Urheber (...der selbstentworfenen Geburtstagskarte)

Urviech
(...alteingesessenes zur Ortschaft passendes Individuum)

Urlaubsbekanntschaft

User (...geht systematisch zur Sache)

Utopist (...hofft darauf, dass die Angebetete sich wegen ihm scheiden läßt)

Individuen ...

Ueberraschungs-Ei
Ueberflüssiges
Uebergardine
Uebertopf
Ueberwurf
Ueberzieher
U-Eisen
Uhr
Uhrband
Umhängetasche
Umschlag
Umstandskleid
U-Musik
Umwälzpumpe
Unglaubliches (...z.B. die Geschenkefibel)
Uniform
Unikat (...ein Einzelstück wie z.B. die Glückwunschkarte)
Unterhemd
Unterhose
Unterschrift (...eigene, auf der Geburtstagskarte)
Untersetzer
Unterwasserkamera
Unzerbrechliches
Update
Urkunde
Urlaubsgeld
Utensil
UV-Lampe

Tragbares ...

X-tras ...

U-Bahn-Fahrt*
Ueberraschung**
(...ein persönliche s Horoskop)
Uebersee-Reise*
Uferpromenaden-Spaziergang*
Ulk (...sich einen Scherz erlauben)
Ungarn-Urlaub*
USA-Trip*
Unpünktlichkeit
(...auf der Feier sich um ein paar Minuten verspäten)
Unsichtbares (...ein gutes Gespräch)
Unterbodenwäsche*
Unterhaltung (...auf der Feier dafür sorgen)
Unterrichtsstunde*
Unterwassermassage*
Unschuld (...seine Unschuld schenken)
Unsinn (...mit jemand Unfug treiben)
Unverfrorenheit (...eine kesse Anmache)
Urlaubsreise*
Uruguay-Trip*
Urwald-Reise*

U Ungeheuer und Ueberzieher
unterliegen Unheimlichen ...

V wie Vampir ...

Vanillekipferl
Vanillepudding
Vanilleschote
Vanillinzucker
Vegetarisches
Verköstigung
Vesperbrot
Viktualien
Vollkornbrot
Vollkorn-Haferflocken
Vollkornmehl
Vollmilchschokolade
Vollwertkost
Vorderschinken
Vorspeise

Zum Schnabulieren ...

Vampir-Cocktail
(...Blutorangensaft mit Tomatensaft gemischt)
Veltiner Wein
Verschnitt
Vitaminsaft
Vitamindrink
Vollmilch
Vollbier
V.S.O.P.-Cognac

Zum Wohle ...

V

Vagabund
(...der ist überall bekannt wie ein bunter Hund)

Vamp (...weibliche Verführerin, die auch den letzten Tropfen aus einem heraussaugt)

Veilchen

Venus (...eine anbetungswürdige weibliche Schönheit)

Venusfliegenfalle

Verehrer (...bis über beide Ohren verliebtes Individuum, welches durch Geschenke die Gunst erlangen will)

Vergißmeinnicht

Verliebter (...männliche Kreatur mit vorübergehenden Herzrhythmusstörungen)

Vernunftmensch
(...der verliebt sich nie Hals über Kopf)

Verstandesmensch (...kluges Kerlchen, welches so manche Relativitätstheorien erstellt)

Vielfraß (...würde man ihm Liebe schenken, müßte er nicht ans Essen denken)

Vierfüßler (...alle Kreaturen mit 4 Beinen, auch Stofftiere)

Viper

Virtuose
(...musikalisches Individuum, das auch was zum Besten bringen kann)

V-Mann (...ein Mann dem man alles anvertrauen kann)

Vogel

Vogelbeerbaum

Vogelspinne

Vollblüter (...eine rassige Kreatur, die voll rangeht)

Vorbild (...der hat bewundernde Fans)

Vorkoster (...das 1. Stück Kuchen muß er probieren)

Vorzeigefrau (...eine Frau zum präsentieren)

Vorzeitmensch (...jemand der mit Fingern ißt)

Individuen ...

Tragbares ...

Vakuumverpackung
Valentinstagsblumen
Vase
Vaseline
Velourlederhose
Velourlederjacke
Ventil
Ventilator
Verbandskasten
Verbandsstoff
Vergoldeter Schmuck
Vergrößerungsglas
Vergrößerungsspiegel
Verhütungsmittel
Verkehrszeichen
(...aufgemalt, als Buch oder als Schild)
Verlängerungskabel
Verlegenheitsgeschenk (z.B. die Geschenkefibel)
Verlobungsring
Verpackungsmaterial
Verrechnungsscheck
Vers-Büchlein
Versandhauskatalog
Verschiedenfarbiges Papier
Verschleißteil
Verschluß
Verteilerdose
Vertikutiergerät
Vervielfältigung (...eine Kopie von irgendetwas)

Vervielfältigungsapparat
Verzehrbon
Vibrator
Videokamera
Videokassette
Videorecorder
Videospiel
Viereck (...aufgemalt oder eine viereckige Geschenkverpackung)
Vierfarb-Kugelschreiber
Vier Mark (...oder andere Währung)
Violine
Violinenbogen
Violinensaite
Virginia-Tabak
Visitenkarte
Vitrine
Vlieseline
Vogelfutter
Vogelkäfig
Vokabelheft
Vollwaschmittel
Vorwaschspray
Vorhängeschloß
Vorhang
Vorhangring
Vorhangstange
Vorleger
Vorschlaghammer

Tragbares ...

V

X-tras ...

Varietébesuch*
Vehikel* (...altersschwaches Fortbewegungsmittel)
Venedig-Reise*
Vereinigung* (...für einmal Liebe machen)
Vergnügungspark-Trip*
Verhängnisvolle Affäre*
(...eingehen, wenn es demjenigen verfallen ist)
Verjüngungskur*
(...ein Besuch beim Schönheitschirurg)
Verkehrsmittel (...etwas das für den Verkehr zwischen
beiden Geschlechtern von nutzen ist, wie Reizwäsche,
Gleitcreme, Präservativ o.ä.)
Verlöbnis (...bitte auf der Party bekannt geben)
Vernaschen* (...für diesen Akt etwas Süßes einfallen
lassen, wie Gummis mit Erdbeergeschmack o.ä.)
Verschnaufpause* (...gönnen, demjenigen 10 x tief
Luft holen lassen, bevor er die weiteren Geschenke aufpackt)
Vertrauensbeweis*
(...diejenigen 1x alleine ausgehen lassen)
Videogutschein*
Viele Küsse (...sofort mit vielen Küssen überschütten)
Villa (...Grundbucheintrag als Beweisstück)
Violinkonzert*
Vollbad* (...sich anbieten, den Rücken zu schrubben)
Volltanken* (...für einen vollen Benzintank)
Vorführwagen*

V Viele Versuchungen verführen
vielleicht vor Verzweiflung ...

W wie Wunsch ...

Wachsbohne
Wachtelei
Wackelpudding
Waffel
Walderdbeere
Waldorfsalat
Walnuß
Weichkäse
Weihnachtsgebäck
Weinbeere
Weinbrandbohnen
Weintraube
Weißbrot
Weißkraut
Weißwurst
Weizenkleie
Weizenmehl
Wiener Schnitzel
Wienerle
Williams Birne
Windbeutel
Wirsing
Worcestersoße
Wurst
Wurstbrot
Würzmischung

Zum Wohle ...

Wacholderschnaps
Waldmeisterbowle
Wasser
Wein
Weinbrand
Weinessig
Weinschorle
Weiße (...Berliner Bier)
Weißbier
Weißherbst
Weißwein
Wermutstropfen
Whiskey
Williams-Christbirnen-Schnaps
Willkommenstrunk
Wodka
Wodka-Tonic
Wodka-Cocktail

W

Waisenknabe (...nur Fliegen tut er nichts zuleide)

Wal

Waldrebe

Waran

Warmblüter (...der ist immer heiß)

Warzenschwein

Waschweib (...weibliche Kreatur,
die lieber anderer Leute Wäsche wäscht)

Wasserratte (...liebt das kühle Naß)

Wasserstoff-Blondine (...die hilft immer etwas nach)

Weberknecht

Weiberheld
(... Fetischist, der Frauen mit Freiwild vergleicht)

Weidenkätzchen

Weinbergschnecke

Wellensittich

Weltenbummler
(...Individuum, das sich oft aus dem Staub macht)

Wespe

Wetterfrosch

Wiesenblume

Wildschwein

Windhund

Witzbold (...heitere Kreatur, bei der man lediglich vom Lachen
Tränen in den Augen hat)

Wolpertinger (...nur am Weißwurstäquator vorkommendes
Individuum, welches sich nur Einheimischen zeigt)

Wolfshund

Workaholic
(...für den muß sogar 6 mit Arbeit verbunden sein)

Wühlmaus

Individuen ...

W

Waage
Wachskerze
Wachsmalkreide
Wackerstein
Waffe
Waffeleisen
Wagenschmiere
Walkie-Talkie
Walkman
Wandbord
Wanderkarte
Wanderschuh
Wandkalender
Wanduhr
Wärmflasche
Warndreieck
Wäscheklammer
Wäschekorb
Wäschetrockner
Waschpulver
Wasserbombe
Wasserfarbe
Wasserwaage
Wattebausch
Wechselgeld
Wecker
Weichspüler
Weihnachtspapier
Weinglas

Tragbares ...

W

Wellpappe
Weltatlas
Werbeprospekt
Werkbank
Werkzeug
Wickeltuch
Wickler
Widmung (...auf dem Geschenk)
Wiege
Wiegemesser
Wildlederjacke
Wimpel
Wimperntusche
Windel
Windjacke
Windlicht
Windrad
Winterbekleidung
Winterreifen
Wischerblatt
Wischtuch
Witzblatt
Wok
Wolle
Wörterbuch
Wundertüte
Wundpflaster
Würfel
Würfelbecher

Tragbares ...

Wagenwäsche*

Wahrsagung* (...auf die Uhr schauen und sagen wie spät es in 5 Minuten sein wird)

Wahnwitzige megastarke Geschenkefibel

Waldlauf*

Webcamera

Weihnachtseinkäufe*

Weinprobe*

Wellenbad-Besuch*

Weltreise*

Wiedergutmachung* (...ein ins Wasser gefallenes Meeting doppelt so gut nachholen)

Wiedersehen* (...für ein aufregendes Date)

Wiegenfest-Lied (...Geburtstaglied vorsingen)

Wildwasserfahrt*

Wimbledon-Tournier*

Winterabend* (...macht man sich warme Gedanken, kanns auch im Schnee heiß her gehen)

WSV-Einkaufsbummel*

Wirbelsturm im Wasserglas (...das Wasser in einem Glas mit einem Strohhalm aufpeitschen)

Woandersessen* (...für ein Menü in einem Lokal)

Wochenendausflug*

Wunder (...eine Wunderkerze anzünden)

Wunschtraum* (...den Herzenswunsch erfüllen, den diejenige/derjenige schon immer gehabt hat)

W Wolpertinger wissen wer weiße Walrosse wäscht ...

X

wie Xbeliebiges ...

Xanthippe
Xenion
Xenonlampe
X-Anrufe
X-Beliebige
X-Beliebiger
X-Beliebiges
Xes (...ist 6 von rückwärts)
X-Haken
X-Küsse
X-mal Essengehen
Xylograph
Xylometer
Xylophon

X-tras ...

**xier xteht xin
Xatz xit X
xas xar
xohl xix ...**

wie Ypsilon ...

Yacht (...Zündschlüssel oder mieten für ...)
Yak
Yankee (...Kreatur die gern Fast Food ißt)
Yeti (...der hat immer Winterurlaub)
Yin-Yang-Buch
Ylang-Ylang-Öl
Yoga-Kurs*
Yoga-Buch
Yorshireterrier
Yo-Yo
Ypsilon (...aufgemalt auf irgendetwas)
Ysop
Ytong
Yucatán-Reise*
Yuccapalme
Yuppie
(...Frischling, der für Karriere alles andere sausen läßt)

Ynzwischen yehn yie Yprüche yus - yuppiyippiyeaaa ...

X-tras ...

Z

wie Zuende …

Zabaione
Zanderfilet
Zartbittere Schokolade
Zaziki
Zentner Kartoffeln
Ziegenkäse
Ziebelaskäs (...im Dialekt für Quark)
Zigeunerschnitzel
Zimt
Zimtstange
Zitronat
Zitrone
Zitrusfrucht
Zucchini
Zucker
Zuckerhut
Zuckerrübe
Zuckerstange
Zuckerwatte
Zungenwurst
Zwetschgen
Zwetschgenmus
Zwetschgendatschi
Zwieback
Zwiebel
Zwiebelkuchen

Zum Wohle ...

Zichorienkaffee
Ziegenmilch
Zitronenlimonade
Zitronensaft
Zuckerwasser
Zwetschgenschnaps
Zwischengetränk

Z

Zahn - steiler (...junges Individuum
mit sämtlichen weiblichen Reizen ausgestattet)

Zahnklempner
(...jemand der einem so richtig auf den Zahn fühlt)

Zaubernuß

Zaunkönig

Zebra

Zecke

Zeisig

Ziege

Zierfisch

Zimmerpflanze

Zimtzicke (...die sträubt sich gegen Zudringlichkeiten)

Zinnkraut

Zitronenfalter

Zittergras

Zobel

Zocker (...Individuum, das die Konjunktur ankurbelt)

Zofe (...weibliche Kreatur, die Machos gut bedient)

Zottelbär (...antiker Stoffteddybär)

Zugehfrau
(...ein weibliches Individuum, die zu Fuß zur Party gegangen ist)

Zuhörer (...einen guten erkennt man an den großen Ohren)

Zuwachs (...bei der Gelegenheit mitteilen,
dass man in anderen Umständen ist)

Zwanzigjährige (...nur etwas für ältere gutbetuchte Herren)

Zweifüßler (...jeder der 2 Füße hat)

Zwergpinscher

Zyperngras

Zypresse

Individuen ...

Z

Tragbares ...

Z

Zahlenschloß
Zahnbürste
Zahnpasta
Zahnrad
Zahnseide
Zahnstocher
Zange
Zaster
Zauberkasten
Zaumzeug
Zaunpfahl
Zehennagel (...schön verpackt)
Zehnerkarte (...individuell)
Zwei Briefmarken
Zeichenblock
Zeichenstift
Zeichentrickfilm
Zeitmesser
Zeitschrift
Zeitungspapier
Zelt
Zementsack
Zerbrechliches
Zerkleinerungsapparat
Zerlegespiel
Zerstäuber
Zettel
Zick-Zack-Muster (...auf Stoff genäht)

Ziehharmonika
Zielscheibe
Zigarette
Zigarettenetui
Zigarettenpapier
Zigarillo
Zigarre
Zigarrenkiste
Zimbel
Zinnbecher
Zipfelmütze
Zirkel
Zither
Zitronenpresse
Zollstock
Zoom-Objektiv
Zuchtperle
Zuckerdose
Zugpflaster
Zukunftsroman
Zündhölzer
Zündkabel
Zündkerze
Zündschlüssel
Zupfgeige
Zweiteiler
Zweitfrisur
Zwirnsfaden
Zylinderhut

Tragbares ...

z

Zahnbehandlung* (...mit Vollnarkose)

Zärtlichkeit (...eine liebevolle Umarmung)

Zaubertrick (...sofort vorzuführen)

Zehntausend Küsse* (...bitte Strichliste führen)

Zeltlager-Ferien*

Zigarettenpause* (...demjenigen Zeit lassen um genüßlich eine Zigarette zu rauchen)

Zinsloses Darlehen* (...Höhe selbst zu bestimmen)

Zirkusvorstellung*

Zoobesuch*

Zugspitzenwanderung*

Zuneigung* (...zeigen, dass man denjenigen mag)

Zungenkuß* (...sofort oder später)

Zungenbrecher (...ganz schnell nachsagen lassen, z.B. der Whiskey-Mixer mixt Whiskey, weil der Whiskey-Mixer Whiskey mixt ...)

Zusammenkunft (...gültig für diese Veranstaltung)

Zuspruch (...noch einen Spruch zu einem anderen)

Zuvorkommenheit (...der Jubilarin die Tür aufhalten und sich wie ein Gentleman benehmen)

Zweitwagen* (...Schlüssel überreichen)

Zwerchfellerschütterung (...einen sehr guten Witz erzählen, damit gelacht wird)

Zypernreise*

Z Zwanzig Zebras zwitschern zuviel Zwetschgenwasser ...

Geburtstagskarten-Beispiel

Unsere Beispiels-Geburtstagskarte zeigt, wie Sie für eine männliche, von Ihnen gern gesehene Kreatur, eine Geschenkidee präsentieren können, die absolut nichts kostet (außer vielleicht etwas Mut).

Die * bedeuten immer Gutscheine, das Individuum unter L steht für Sie selbst, wenn Sie sich so sehen, Erfindung unter E, für diese einfallsreiche Karte
Natürlich können Sie auch Geschenke, aus z.B. nur Eßbarem, nur Getränke, nur Individuen, nur Tragbarem oder X-tras aussuchen, oder gemischt, ganz wie es Ihnen beliebt
...

Zum Geburtstag arrangiert
buchstäblich für Dich kreiert ...
so ein Geschenk aus vielen Stücken -
kann doch bestimmt auch Dich entzücken?

A = wie Astreine Anmache*
L = wie Lebenskünstlerin*
E = wie Ein Kuss
X = wie X-Beliebiges
A = wie Augenzwinkern
N = wie Nichts
D = wie Daumenabdruck
E = wie Erfindung
R = wie Rendez-vous*

... zum / zur

_____

für ein / eine

_____

vertreten
durch den Buchstaben . . . .
im Namen

... zum / zur

_____

für ein Individuum
wie

_____

vertreten durch mich
sowie durch den Buchstaben . . . .
im Namen

... zum / zur

---

für ein / eine

**vertreten
durch den Buchstaben . . . .
im Namen**

... zum / zur

**für ein Individuum
wie**

**vertreten durch mich
sowie durch den Buchstaben . . . .
im Namen**

Bitte Coupon bei privatem Bedarf kopieren, ausschneiden und an unten stehende Adresse einsenden

Anforderungs-Coupon

für eine persönliche Horoskopanalyse

Bitte tragen Sie nachfolgend den Vor- und Nachnamen, Geburtstag, Geburtszeit und Geburtsort der Person ein (auch Kinder möglich), für die eine Analyse erstellt werden soll.

_____

_____

_____

Vor- und Nachname

Damit wir wissen, wohin wir die Analyse senden sollen, tragen Sie hier Ihren Namen und genaue Anschrift ein.

Vor-und Nachname ....

Straße ....

PLZ/Wohnort ....

Die persönliche Horoskopanalyse erhalten Sie zum wahnwitzigen Preis von 19.99 DM incl. Versand. Um unnötige Wartezeiten zu vermeiden, bitten wir Sie um Vorauskasse in Form eines Verrechnungsschecks, damit Sie die Analyse, innerhalb der nächsten Tagen von uns zugeschickt bekommen können.

Den ausgefüllten Coupon mit Entgeld senden Sie bitte an nachfolgende Adresse

Art of Formation, Hinteres Schlehental 7, 91301 Forchheim

...da geht die Post ab !

... und noch ein kleiner Tip !

Nachdem Sie unsere Geschenkelisten systematisch durchgewälzt haben uns sicherlich fündig geworden sind, hier noch einige Erläuterungen zu den einzelnen Sparten, für diejenigen, die sich gewundert haben und vom Staunen nicht mehr losgekommen sind, über all unser Schenkbares.

Zum Schnabulieren: In diesen Sparten können Sie Lebensmittel verschenken oder auch Gerichte für die Person zum Geburtstag o.ä., selbst als Küchenfee zaubern ...

Zum Wohle: Hierzu gibt es nicht viel zu erklären, sondern nur was für die Flüssigernährung ...

Individuen: Dazu können Sie als Schenker ihre Phantasie spielen lassen, denn Sie können sich als jenes Individuum präsentieren, welches Sie in sich selbst sehen oder wie der Jubilar Sie gerne sehen möchte. Tip: Wenn Sie möchten, können Sie sich ja noch eine Schleife umbinden ...

Tragbares: Alle Gegenstände die getragen werden können, transportabel oder tragbar sind ...

X-tras: Unsere Spezialitäten für Kreaturen, die das Außergewöhnliche lieben oder nur große Scheine besitzen ...

Insbesondere wäre es für Lese-Greenhorns ratsam, immer ein Lexikon in griffbereiter Nähe liegen zu haben, damit fremdklingende Begriffe sofort nachgeschlagen werden können ...

Nachwort

Für Ihre Geduld beim Schmökern und Auswählen der passenden Geschenkbegriffe, möchten wir Ihnen hiermit kurz **DANKESCHÖN** sagen.

Wir freuen uns, daß Sie beim Durchstudieren dieser Fibel Ihren Humor und Ihre Nerven nicht verloren haben und Sie trotz marathonmäßiger Anstrengungen bis zum bitteren Ende durchgehalten haben.
Gleichzeitig hoffen wir instbrünstig, dass Sie auf jeden Fall das wonach Sie suchten, gefunden haben und wünschen Ihnen weiterhin viel Spaß beim Schenken …

Nachdrücklich möchten wir noch darauf hinweisen, daß die einzelnen Buchstabenlisten nicht alle erdenklichen Begriffe enthalten, sondern nur als Beispiel dafür dienen, um Ihnen ein Bild davon zu vermitteln, wieviele Gegenstände sich einen einzigen Buchstaben zuordnen lassen.

Um das Markenschutzrecht in keinster Weise zu verletzen, wurden in dieser Fibel, Produkte mit Markennamen nicht erwähnt.
Doch wer weiß, vielleicht gibt es bald eine Geschenkefibel mit Rang und Namen, in der sich auch Werbung einschleichen darf und somit Firmen außerdem zu Werbezwecken dienen könnte …

Liebe Leseratten, falls Ihnen noch weitere zündende Begriffe zu den einzelnen Buchstaben einfallen, können Sie diese in die freien Felder jedes Buchstabens ergänzend unterbringen oder diese uns mitteilen, damit schon bald, ein 2. Band dieses megastarken Horror-Werkes, in Umlauf gebracht werden könnte …

Hinweis: Aus Sicherheitsgründen wurde diese Fibel in der humorvollen alten deutschen Rechtschreibung formuliert, denn die neue Schreibweise, wäre absolut nicht im Sinne des Verfassers gewesen, der ansonsten nichts mehr zu Lachen gehabt und seine kostbare Zeit in Lexikonwälzen gesteckt hätte, wodurch er Sie nie in den Genuss dieses Mega-Produktes bringen hätte können ...

Sicherlich ist die Neugier in Ihnen hochgestiegen, über diese Kreatur, welche so kokett und sarkastisch ist, um eine so wahnwitzige Idee wie die Geschenkefibel auf den Büchermarkt zu bringen ...

Nun, wir wollen es Ihnen verraten: Es ist nicht der Megamann, auch nicht der Tausendsassa, nicht der Überflieger, auch nicht der Senkrechtstarter, der Lösung näher käme schon dem Sanguiniker oder Computerfreak, vielleicht auch dem Pfennigfuchser, wie auch der Privatsektretärin, dem Opportunisten oder Lebenskünstler, die eines gemeinsam sind, nämlich Fetischisten im Schriftverkehr, die versuchen, mit Worten des schwarzen Humors, jemand auf den Arm zu nehmen, doch vor allem mit kleinen Dingen das Leben lebenswert zu machen und alles und jedem eine schöne Seite abzugewinnen ...

Der Autor mit Humor dieser Fibel, ist ganz einfach ein Individuum, vielleicht auch ein Workaholic - denn das Haus will geputzt sein, das Essen gekocht, die Kinder erzogen, der Seelentröster gespielt, der Mann verwöhnt, die Einkäufe erledigt, die Wäsche gewaschen und gebügelt, die Haare blondiert, die Erscheinung zurecht gemacht sein - ...und weil er ja sonst nichts nichts zu Lachen hat, den Computer zu belegen um die Fibel zu tippen. Na...? Wissen Sie nun, wer so etwas fertigbringt? Ja - vielleicht ein Allroundtalent - ...oder aber eine ganz gewöhnliche Hausfrau, die dadurch beweisen will, daß Blondinenwitze absoluter Schwachsinn sind ...

Diese Fibel
mit ihren
Urheber-Eigen-
Interpretationen
ist nichts
für Kreaturen mit
Schlips ...
da diejenigen
sich draufgetreten
fühlen könnten ...

... soeben sind Sie als absolute
Mega-Leseratte durchs Ziel gegangen.
Wir bitten das allerletzte Mal um ein herzliches Smile oder
Cheese für einen Schnappschuß ...

Letzte Horror-Meldung: Falls diese Augenweide für Sie
einem nie mehr endenden Alptraum glich und Sie keinen
Ausweg mehr finden, zerreißen, zerknüllen, zerstückeln
und zerhacken Sie diese Fibel oder verfüttern Sie sie Ihren
Reißwolf und erleben absolute Schadenfreude bei Ihrer
Aktion ! ...

...doch wenn Ihre heimtückischen Gedanken nur Groll
und Wutanfälle auslösten und Sie kurz vor dem Nerven-
zusammenbruch stehen, gibt's nur eine Lösung, die
wirklich hilft - **diese Geschenkefibel kann man auch**

Verschenken !

**Dies ist das
laaaaangersehnte**

**...und wenn wir den Löffel
nicht abgegeben haben -
erscheinen wir bald wieder ...**